Ingrid Skjøth · Fjordpferde

Ingrid Skjøth

Fjordpferde

Rasse und Haltung

Mit 100 Abbildungen

Bearbeitet von Dr. med. vet. Ewald Isenbügel

Müller Rüschlikon

Titelbild: Der Fjordhengst «Svejk» St. Nr. 581, 1976 geboren, 1. Kl. + M, 1. Kl. 2. G. für Nachzucht. Vater: «Rei Halsnäs» St. Nr. 542, MV: «Dragmann» St. Nr. 475. Während mehrerer Jahre der meistgebrauchte Zuchthengst Dänemarks. Besitzer: Bente und Jens Högh, «Fjordhesterideskolen Birken», Ejstrupbro 3, 8832 Skals.

Fotos:
Anders Skjøth: Umschlagfoto, 9, 23, 36, 37, 39, 40, 46, 47, 49, 51, 59, 65, 68 (l), 74, 75, 76, 77, 78, 79, 81, 82, 83, 84, 85 (l), 90, 93, 98, 99, 107, 108, 109, 113, 116, 119 (r), 121 (o), 124, 128, 129.
Jørgen Bak Rasmussen: 30, 31, 33, 43, 44, 73, 130, 133.
Gert Hansen: 35, 42, 48, 68 (r), 72, 85 (r), 86, 110, 121 (u).
Chr. Mikkelsen: 119 (l).
John Balten: 62, 63.
Martin Nygaard: 120.
Carsten Andreasen: 19.
Helga Olsen: 55.
Ewald Isenbügel: 132, 135, 137.

Titel des dänischen Originals: «Bogen om Fjordhesten», Ingrid Skjøth, erschienen bei clausen bøger, Dänemark
Die Übersetzung erfolgte durch Astrid Heller-Jonsson

ISBN 3-275-00905-2

2. Auflage

Druck: Franz X. Stückle, Druck und Verlag, D-77955 Ettenheim
Bindung: Benziger AG, Buchbinderei, CH-8840 Einsiedeln
Printed in Germany

Inhaltsverzeichnis

Das Fjordpferd bis zur Jahrtausendwende

Die Vorfahren des Fjordpferdes

Das Fjordpferd stammt ursprünlich aus Westnorwegen und wird daher oft «Vestlandshesten» (das Westlandpferd) genannt. Die Rasse hat während Jahrhunderten im westlichen Teil von Norwegen gelebt, in felsenreicher Fjordumgebung mit kleinen Bauernhöfen und Forstwirtschaft. Weiter nach Osten, in mehr von Landwirtschaft und Forstwirtschaft geprägtem Land, ist das Dölepferd zu Hause. Diese zwei Rassen werden als die norwegischen Nationalpferde bezeichnet.

Woher die Vorfahren des Fjordpferdes kommen, ist sehr schwierig herauszufinden. Die heutigen Fjordpferde stammen hauptsächlich von den Pferden ab, die in der Wikingerzeit und früher in dieser Gegend heimisch waren. Man nimmt an, daß diese urtümlichen Pferde, die in vorhistorischer Zeit aus dem Osten nach Norwegen gekommen sind, ganz besonders aus den russischen Steppen kamen, was auch bei einem Blick auf die Landkarte verständlich erscheint. Ganz interessant ist es, daß fast alle Fjordpferde, und dies als die einzige domestizierte Pferderasse, die falbe Farbe der Wildpferde bewahrt haben. Diese Farbe kommt nur selten vor bei anderen Rassen. Diese Wildpferdefarben – gelb- oder graufalb mit schwarzem Aalstrich vom Kopf bis zur Schweifspitze und Streifen an den Beinen – sieht man auch beim Przewalski-Pferd, dem in Zoozuchten letzten erhaltenen Urwildpferd. Dieses wurde in den russischen Steppen 1878 durch den russischen Forschungsreisenden Przewalski entdeckt und war dann fast ausgestorben. Die Waldvariante des Przewalskipferdes, der Tarpan, hatte dieselbe Farbe. Darum kann man sich gut vorstellen, daß diese Pferdegruppen miteinander verwandt sind.

Verwandtschaft zum keltischen Pferd

Die Verbindung zu finden zwischen dem norwegischen Wildpferd und dem keltischen Pferd, einem Pferd, das in Irland und auf den Inseln nördlich von Schottland gelebt hat, ist ein wissenschaftliches Problem. Diese Gegend könnte vor Jahrtausenden mit Norwegen verbunden und dadurch eine Verwandtschaft zwischen den beiden Pferdetypen möglich gewesen sein. Das keltische Pferd hatte keine Kastanien und Sporn, was fast alle Fjordpferde haben, aber Fachleute, die um die Jahrhundertwende diese Verhältnisse studiert haben, haben herausgefunden, daß in einigen Orten in Westnorwegen die Pferde ebenfalls keine Kastanien und Sporn haben. Man muß daran denken, daß es in der Wikingerzeit und lange Zeit danach zwischen diesen Orten sehr viel Handelsverkehr gab, auch mit Pferden. Pferde wurden in den Lastschiffen

Odin auf Sleipner in «Ydrasilfrisen» in der Wiedergabe von Dagfin Werenskiold. Motiv der älteren Edda aus dem Rathaus von Oslo (links). Fröy sendet seinen Freund nach «Jotunheimen», damit er um die Hand Gerds bitte. Der Freund, Skirme, reitet stolz auf seinem Fjordpferd. Auch ein Motiv von «Ydrasilfrisen» (rechts).

transportiert, und so kann das Fjordpferd auch ohne Landbrücke mit dem keltischen Pferd in Blutaustausch getreten sein. Auf diese Weise können Kreuzungen an verschiedenen Orten Norwegens entstanden sein, wenn sie auch im Erscheinungsbild der Rasse nicht durchschlagend sichtbar sind.

Der Wikinger und sein Pferd

Dänische und norwegische Funde haben gezeigt, daß Wikinger Pferde viel benützt haben. Auch in der nordischen Mythologie sehen wir Pferde, wie Sleipner, das Pferd von Odin, das achtfüßig dargestellt und nie ermüdend geschildert wird. In einem Holzschnitt im Rathaus von Oslo sieht man Odin auf einem schönen grauen Fjordpferd. So haben also die Leute, die an Odin glaubten, die frühen Fjordpferde gebraucht. Normalerweise verbinden wir die Wikinger mit der Vorstellung von Schiffen und großen Eroberungsfahrten, aber sie haben das Pferd als Transportmittel ebenfalls genutzt.

Die Geschichte berichtet mehrere Male von Wikingern, die die Pferde in den Booten mitgenommen haben und von solchen, die mit den Pferden berittene Eroberungszüge weit in fremde Länder trugen.

Viele zeitgenössische Funde zeigen, daß der Wikinger von seinem Pferd sehr abhängig war. In dänischen sowie ausländischen Ausgrabungen sind Pferdeskelette und reichverzierte Reitausrüstungen gefunden worden. Die zwei großen Schiffe «Osebergskibet» und «Gokstadskibet», beide in Norwegen gefunden, haben gezeigt, daß Pferde den Toten mit ins Grab gegeben wurden. In den Schiffen fand man auch prächtige Reitausrüstungen und sehr schöne Schlitten mit deutlichen Abnützungsspuren. Dieser Pferdetyp, den die Wikinger nutzten, hat sich vermutlich deshalb sehr stark verbreitet, weil die Wikinger die Pferde auf der langen Reise durch Russland nach «Miklagaard» (Konstantinopel) mitgenommen und dort sicher Pferdehandel betrieben haben.

Der Fjordhengst «Skarphedin» von «Sassevangen» 1877, Stockmaß 135 cm.

Das Pferd kommt nach Island

Einige Großbauern in Westnorwegen konnten die wachsende Macht des Königs nicht ertragen und zogen zur Wahrung der Selbständigkeit westwärts. Auf diesen Reisen haben sie natürlich auch ihre Pferde mitgenommen. Island war in den Jahren 860–870 von den Norwegern kolonialisiert worden, und ein Teil dieser Leute kam aus «Dalsfjord» in «Fjordane» und hatte Haustiere mitgenommen. So legten die frühen Fjordpferde den Grundstock des isländischen Pferdes. Das Islandpferd ist und war immer ein sehr wichtiger Teil des isländischen Lebens. Ohne das Pferd wäre die Insel nicht zu besiedeln gewesen, da Reitpferde die einzigen Transportmittel waren. Dies änderte sich erst mit dem Bau der ersten Straße 1874 und dem Aufbau eines Flugnetzes.

Die mühevolle Vergangenheit des Fjordpferdes

Die Herkunft unseres Fjordpferdes

In Westnorwegen blieb der Grundstamm des ursprünglichen Pferdes im wesentlichen unverändert. Durch die Jahrhunderte kamen manchmal fremde Pferde ins Land, zum Beispiel von den atlantischen Inseln, aber einen eigentlichen Kontakt mit diesen Pferden hatte die Rasse nicht. Die andere norwegische Pferderasse, das Dölepferd (oder «Gudbrandsdöleren»), war stärker von Einkreuzungen von dänischen und schwedischen Pferden beeinflußt. Heutige Fjordpferdefreunde, die gewöhnt sind, gut gepflegte Pferde, meistens Zuchtstuten, zu sehen, können sich überhaupt nicht vorstellen, was Pferdehaltung in Norwegen vor diesem Jahrhundert war. Mehrere Faktoren haben zusammen mit einer für uns ungewöhnlichen Einstellung ganz ausgeprägte Bedingungen für Pferdezucht und -haltung verursacht.

Die Zuchtbedingungen

Raubtiere, im besonderen Wolf und Bär, haben einen sehr großen Einfluß auf die Zucht gehabt. So war es unmöglich, im wild- und bergreichen Innern Ostnorwegens Pferde zu züchten. Deshalb beschränkte sich die Zucht auf die Westküste oder das große Tal «Gudbrandsdalen». Dieses Tal bot für Pferdezucht gute Bedingungen und wurde später zu einem Hauptremontierungsgebiet für Pferde im Armeeeinsatz.
In allen anderen Teilen Norwegens fielen die meisten Fohlen oder die wenigen überlebenden Jährlinge Raubtieren zum Opfer. Aber auf den vielen kleinen Inseln entlang der Küste konnte man ohne Angst vor Raubtieren züchten. In Ostnorwegen aber, mit seiner

blühenden Land- und Forstwirtschaft, Minen und Warenumschlag, wurden die meisten Pferde gebraucht. Daher wurden die Pferde schon als Jungtiere von Händler zu Händler Richtung Osten gebracht. An der Westküste war die unzureichende Futterbasis ein anderes Problem. Die an der Küste gezüchteten Pferde waren klein und unterernährt und kaum handelsfähig. Die Händler wußten aber, daß diese Jungpferde im Ostland auf besseren Weiden sich gut entwickelten. Diese Pferde erwartete zwar ein mühevolleres Leben als Arbeitspferde, aber auch besseres Futter. *Futtermangel,* insbesondere Heumangel, war im Winter ganz normal. Also präparierte man Rinde und benützte sie zusammen mit Mehl als Futter. In der Folge wurde das Mehl knapp, und die Leute mußten oft hungern. In der Umgebung von Stavanger waren die günstigsten Bedingungen für Pferdezucht, weil die Stuten da das ganze Jahr draußen sein konnten. Auf der Insel «Karmöen» waren ein paar hundert Stuten, die nicht von Menschen genutzt oder betreut wurden. Sie ernährten sich von gefrorenem Heidekraut.

Das eingesammelte Winterfutter reichte an der Küste normalerweise nur bis Weihnachten. Nachher mußte man mit Moos, Heidekraut, Strandhafer und Fischgräten füttern. Man sagt, daß es beim Bauern am Meer besser ist, eine Kuh als ein Pferd zu sein, aber das Umgekehrte läßt sich für den Bauern auf dem Ostland sagen, weil dort die Pferde gut gefüttert waren, man aber sehr geizig war mit dem Kuhfutter. Jedoch mußten dort die Pferde ordentlich gefüttert werden, sonst konnten sie nicht arbeiten. Als Folge dieser extremen Verhältnisse entstand eine Situation, die das Züchten in unseren Augen unmöglich machte. Bei einer Bestandeszählung von 1729 war das Verhältnis zwischen Hengsten, Wallachen und Stuten folgendes:

«Aker» und «Follung»: 1347 Hengste, 35 Wallache, 0 Stuten.

«Numedal» und «Sandsvär»: 761 Hengste, 5 Wallache, 7 Stuten.

«Lister»: 111 Hengste, 10 Wallache, 1211 Stuten.

«Mandal»: 608 Hengste, 100 Stuten.

«Stavanger»: Ein paar tausend Stuten, fast keine Hengste (die waren alle nach Osten verkauft).

«En klop» («In den Bergen in Sogn»). Eine Bleistiftzeichnung von Johannes Flintoe, Nationalgalerie, Oslo.

Warum so viele Hengste?

Die Hengste konnten sich selbst oder eventuell auch die ganze Herde gegen Raubtiere verteidigen. Die Pferde waren damals auch nicht eingezäunt. In der Folge war es dann die Aufgabe des Hengstes, die besten Weiden für die Herde zu finden. In diesem Kampf um das Überleben hatten die Wallache nicht viele Chancen, und es hing mit den Schwierigkeiten der Kastration zusammen, daß die Wallache nicht so zahlreich waren. (Bis Anfang dieses Jahrhunderts wurden das Abhäuten eines toten Pferdes oder das Kastrieren als unredlich und unwürdig betrachtet.)

Die Regierung Norwegens hatte Berufskutscher in Diensten, die

Warentransporte zu den Bergbetrieben, den Forstwirtschaftstellen und anderen großen Betrieben vornahmen. Auch sie haben Hengste bevorzugt. Die Leute waren dazu gezwungen, Personen- oder Warentransporte mit ihren Pferden zu machen, ungefähr nach demselben Prinzip wie beim Frondienst, nur mit dem Unterschied, daß sie dafür eine minimale Entlöhnung erhielten.

Das Reitpferd des Bauern und des Touristen

Im Westland gab es nicht viel herkömmliche Landwirtschaft und nur wenig Forstwirtschaft. Daher wurde das Fjordpferd mehr zum Reiten als für Transporte gebraucht. Das Fjordpferd ist als Reitpferd in den Bergen berühmt geworden. Da wo sich heute die Touristen bequem mit dem Auto transportieren lassen, gab es bis zur Jahrhundertwende nur ein Verkehrsmittel: das Fjordpferd.
Viele Touristen waren von den Fähigkeiten dieser Rasse sehr begeistert und haben ein Pferd gekauft und mit nach Hause genommen. So kam das Fjordpferd in den Balkan, nach Deutschland, England und in die USA – als Reiseandenken. In der Zwischenkriegszeit haben ein paar englische Gutsbesitzer mehrere Zuchttiere gekauft, weil sie von dieser Rasse so angetan waren. Wenn man heute durch Norwegen fährt, ist es unter Umständen schwierig sich vorzustellen, wie viel das Pferd früher bedeutet hatte. Aber man stelle sich vor, daß die erste Straße über «Sognefjeldet» erst 1938 gebaut wurde. 1924 waren die holländische Königin und Prinzessin Juliane durch das Land gereist, und sie waren mit 16 Pferden über «Sognefjeldet» geritten.

Das Packpferd

Früher war es normal, Handelskarawanen mit bis zu 170 Pferden zu sehen, die über «Sognefjeldet» geritten sind. Von Norden haben sie Butter, Käse, Häute, Wolle, Teer, Pech und Pottasche

«Paa Langfjeldet, naar Snebroerne ere nedstyrtede» («Auf dem ‹Langfjeld›, wenn die Schneebrücken zusammengestürzt sind»). Bleistiftzeichnung von Johannes Flintoe, Nationalgalerie, Oslo. «Langfjeldene» sind die Berge, die das Ost- und Westland teilen. Johannes Flintoe hat in der Zeit von 1820 bis 1850 die Pferde bei ihrer täglichen Arbeit gezeichnet und uns einen Eindruck vom harten Leben dieser Pferde gegeben. Hier sehen wir Transporttiere mit Reiter und Gepäck.

gebracht, und zurück haben sie Salz, Eisen, Schmuck und eventuell Saatkorn mitgenommen. Eine Verkehrszählung im Jahre 1878 ergab auf diesem Berg, daß innerhalb eines Jahres 1350 Pferde vor Schlitten, 820 Packpferde, 16525 gerittene Pferde und 488 Handpferde über den Berg gereist waren.

Gerade als Packpferd ist das Fjordpferd sehr berühmt. Jeder, der mit dieser Rasse und auch mit dem Dölepferd gearbeitet hat, war erstaunt ob seiner ungewöhnlichen Fähigkeit, das Gleichgewicht zu behalten, auch mit viel Gepäck.

«Normal skydsbefordring» («Gewöhnlicher Personentransport»). Eine Lithographie von Johannes Flintoe, Nationalgalerie, Oslo. Die Arbeitsverhältnisse des Transportpferdes werden in diesem Bild angedeutet. Der Wagen ist ein «Stolkjerre», ein nicht gefederter, zweirädriger Wagen. Er wurde oft für Personentransporte gebraucht; das Fahrgefühl wurde beschrieben, als ob man «elastische Holzstücke unter dem Sitz» hätte.

Das Pferd für Transporte

Noch eine Arbeit des Fjordpferdes war der Transport, hier als Personentransport. Er war der Vorgänger zum heutigen Bus- und Zugverkehr. Damals war man mit der Kutsche durch das Land gefahren. Überall waren «Skydsstationer», eine Art Haltestellen, wo man sich eine Fahrgelegenheit bis zur nächsten Haltestelle mieten konnte. Dazu hatte man «Skydskärren», einen zweirädrigen, sehr einfachen Wagen. Heute kann man in Nordnorwegen als Tourist immer noch mit solchen Wagen fahren. Am Nordfjord existiert noch heute ein solcher Betrieb, der 1890 gegründet wurde. Dort wurde seit jeher nur mit Fjordpferden gefahren. Diese Arbeit war sehr hart, besonders für die Pferde, die die Nacht vielfach nicht in Ruhe mit etwas Futter verbringen konnten, bevor sie wieder die Reisenden weitertransportieren mußten. Hier haben die Falben einen großen Teil der Arbeit gemacht. Jonas Lie hat in seinem Buch «Nordfjordhesten» diesen geduldigen, aber oft mißbrauchten Tieren ein literarisches Denkmal gesetzt.

Das Pferd in der Forstwirtschaft

Im Gegensatz zum Westland gab es im Ostland viel Wald, und das Fjordpferd wurde bei der Forstarbeit intensiv eingesetzt. Weil das Dölepferd durch Einkreuzungen viel größer und stärker war, wurde es auch viel öfter gebraucht. Diese Rasse ist unter anderem mit Frederiksborg-Pferden, jütländischen Pferden (dänisches Kaltblut) und Holsteiner Pferden gekreuzt worden, weil man in dieser Gegend große, starke Arbeitstiere für Land- und Forstwirtschaft haben wollte. Wegen der schlechten Aufzuchtverhältnisse war das Arbeitsvermögen des Fjordpferdes nicht optimal, aber weil man so viele Pferde aus dem Westland kaufen mußte, hat man ganz natürlich Fjordpferde mit Dölepferden gekreuzt, und diese Kreuzungen waren als Arbeitspferde sehr populär. Darum haben die Dölepferde Fjordpferdeblut in sich; früher konnte man Dölepferde mit Aalstrich sehen. Die Forstarbeit ist auch heute sehr hart für die Pferde, und die Fjordpferderasse hat bei dieser Arbeit sehr viel mitgeholfen. Die Fjordpferde wurden oft ausgenützt, und die Bauern beklagten sich, daß die Pferde nach einer Saison Waldarbeit störrisch wurden. Doch schließlich ist dieser Widerstand die einzige Möglichkeit, die ein Pferd hat, um seine Überbelastung anzuzeigen. Die Mechanisierung hat das Pferd aus dem Wald verdrängt, aber heute sieht es so aus, daß es wieder vermehrt

Das Pferd ist wieder in die Forstwirtschaft zurückgekehrt. Ein guter Waldarbeiter kann mit seinem Pferd sehr schonend zwischen jungen Bäumen arbeiten, und das Pferd wird heute oft mit Maschinen zusammen gebraucht. Das Foto wurde auf dem Gut «Langsö» aufgenommen, Herbst 1984. Foto: Carsten Andreasen.

in der Forstarbeit eingesetzt wird. Die schweren Maschinen richten große Schäden am Wald an, und überdies sind sie in Investitionen und Zinsen sehr teuer. Die Leistungskapazität der Pferde ist zwar nicht so groß wie die der Traktoren, aber trotzdem werden jetzt wieder vermehrt Pferde im Forstdienst eingesetzt.

Die Ansprüche an das Fjordpferd wurden verschärft

Das Westlandpferd hat während des ganzen Mittelalters immer die Ansprüche der Heimat befriedigen und jede Aufgabe lösen können. Die Regierungsmacht (bis 1814 Dänemark) wollte aber auch Pferde – große Pferde – aus dem Westland. Die Pferde

«Thelegrop, Chr. Stift, Smaalenene», (heute «östfold»). Bleistiftzeichnung von Johannes Flintoe, Nationalgalerie, Oslo. Eine etwas untypische Situation für ein Fjordpferd, weil in der östlichen Gegend von Norwegen normalerweise größere Pferde für Transporte benutzt wurden.

wurden damals im Militär eingesetzt, und es war für eine Armee entscheidend, daß sie genügend starke Pferde hatte.

Die norwegischen Bauern wurden aufgefordert, die Pferdezucht zu verbessern. Der Pferdeverkauf nach Schweden war verboten, um die Pferde im Land zu behalten. Doch die Bauern hatten dieses Verbot ignoriert, es war auch schwer zu kontrollieren. Sie konnten nicht einsehen, zu welchem Zweck die Pferdezucht zu verbessern war, wenn sie die Tiere ja doch nicht ins Ausland verkaufen durften. Viele von den schlechtesten Pferden waren nach Schweden verkauft worden, weil das Militär nur Kavalleriepferde in einer gewissen Größe ankaufte, und die nordschwedische Bevölkerung war für die Möglichkeit dankbar, billige Pferde kaufen zu können. Diese Fjordpferde, die von «Trondheim» und Umgebung nach «Jämtland» verkauft wurden, haben deutliche Spuren hinterlassen. Bis vor dreißig Jahren gab es in «Jämtland» eine

Pferderasse, die dem Fjordpferd sehr ähnlich war, nur waren dies alles braune Pferde.

Wegbau in Norwegen

In der letzten Hälfte des vorigen Jahrhunderts begann in Norwegen ein planmäßiger Ausbau des Wegnetzes und zog Ansprüche an größere Pferde nach sich. Die erste Straße, von «Bragenes» bis «Kongsberg» Silberbetrieb, wurde 1634 gebaut, aber erst Anfang des 18. Jahrhunderts kann man von einem Wegnetz sprechen, und vor ungefähr hundert Jahren war es endlich so weit, daß man größere Pferde brauchen konnte. Vorher hatte die größte Erfindung der Zivilisation, das Rad, sich in Norwegen sehr schwer durchsetzen können. Das Land war für einen Wagen überhaupt nicht geeignet. Bis zur Mitte des letzten Jahrhunderts wurden fast alle Warentransporte mit Sommerschlitten gemacht und diese Transportform hielt sich in West- und Nordnorwegen sehr lange. In einigen Orten waren die Schlitten in den 1960er Jahren immer noch im Gebrauch.

Die Fjordrasse wird verbessert

Gründung eines Staatsgestüts

1844 wurde in «Dovre» ein Staatsgestüt mit Fjordpferden gegründet, um die Rasse zu verbessern und zu vergrößern. Weil man den Hengst sowie alle Stuten in der Farbe «ulsblak» gekauft hatte, kamen unvorhergesehene Probleme dazu. «Ulsblak» ist ein sehr heller, fast weißer Falbe, der bei Reinzucht einen gewissen Teil Albinos brachte. Diese Pferde waren sehr unpopulär und das ganze Experiment gescheitert. Die Genetik war damals nicht sehr weit fortgeschritten, und man wußte nicht, daß das Problem gelöst worden wäre, wenn man nur den Hengst gegen einen normal falben Hengst ausgewechselt hätte.

Dölehengste werden eingesetzt

Später wurde entschieden, daß geeignete Fjordhengste eingekauft und in der Zucht an der Westküste eingesetzt werden sollten. Die verantwortlichen Käufer behaupteten aber, daß sie keine geeigneten Fjordhengste finden konnten, und haben vier Dölehengste eingekauft, die in der Zucht eingesetzt wurden. Nach einiger Zeit bereitete sich aber bei den Fjordpferde-Züchtern sehr große Unzufriedenheit aus, weil die Kreuzungsprodukte nicht so gut wie erwartet ausfielen. Die neuen Pferde hatten nicht den Charakter und die Beliebtheit des Fjordpferdes, und beide Faktoren sind für ein Arbeitspferd sehr wichtig. Einer der Dölehengste war aber so gut, daß die Züchter in dieser Gegend ganz zum Dölepferd wechselten.

Abzeichen sieht man bei den Fjordpferden nicht gern. Der im Text erwähnte Stern ist selten, aber hier ist er beim zweiten Pferd von rechts zu sehen.

Die Einkreuzungen haben andere Farben und Abzeichen mitgebracht

Diese Einkreuzungsexperimente dauerten viele Jahre. Die Fremdblutzufuhr zeigte, daß das Fjordpferd alle üblichen Pferdefarben haben konnte. Deshalb sah man in einigen Orten Pferde, die im Gebäude typische Fjordpferde waren, aber zum größten Teil schwarz oder braun waren. Es gab auch Pferde mit Abzeichen, was nicht zur Wildpferdefarbe gehört. Abzeichen beim Fjordpferd sind eine Folge von Fremdblutzufuhr und sind heute sehr unbeliebt. Ein Stern wird noch akzeptiert. Engagierte Fjordpferdefreunde sind immer noch gegen alle anderen Farben als «brunblak» (gelb-falb mit schwarzem Aalstrich). Wahrscheinlich wird aufgrund der früheren Kreuzungsprobleme heute verlangt, daß das Fjordpferd ein Falbe ist.

Die Reinzucht bekommt Vorrecht

Zu Anfang dieses Jahrhunderts wurden die Züchter in Westnorwegen wieder aktiv. Man wußte nun genug über Ernährung und Pferdezucht, so daß man sich darauf konzentrieren konnte, reine Fjordpferde zu züchten. Die Rasse hatte natürlich sehr viel fremdes Blut in sich, aber die Zuchtpferde wurden beurteilt und ausgesucht. Nur mit einem triftigen Grund durften Pferde mit anderen Farben oder Pferde, von denen bekannt war, daß sie Döleblut in sich hatten, verwendet werden. Seit der letzten Hälfte des 19. Jahrhunderts hat man eine Art Stammbuch über die Zuchttiere geführt. In über hundert Jahren hat man über die Abstammung und Nachkommen der Hengste geschrieben, und in den Fachbüchern der Rasse kann man diese Aufzeichnungen finden. Die Informationen von 1857–1904 wurden 1910 als das erste Stammbuch herausgegeben.

Der Norweger und das Fjordpferd heute

Die norwegische Land- und Forstwirtschaft hat, wie in Dänemark, während der letzten dreißig Jahre eine sehr große technische Wandlung durchgemacht, und mit ihr hat auch das Fjordpferd in seiner Heimat fast alle seine traditionellen Arbeitsgebiete verloren.

Aber auch in Norwegen haben die Leute heute mehr Freizeit. Da der Norweger seine Freizeit gerne in der freien Natur verbringt, kam das Fjordpferd wieder vermehrt zum Zuge. Heute existiert eine ganz große Zucht in Norwegen, und es werden Zuchthengste in die ganze Welt exportiert.

Das Fjordpferd ist natürlich sehr geeignet und geschätzt für das Reiten in den Bergen, aber neben der Zucht und dem Reiten auf Bergpfaden hat es noch eine Funktion. Es ist eine Art kulturelles Nationalheiligtum, das immer wieder in der Kunst auftaucht und von allen geliebt und respektiert wird. Es ist so etwas wie ein nationales Symbol.

«Da staur inkje pau te' kom' unda!» («Bergab geht es von selbst»). Bleistiftzeichnung von Johannes Flintoe, Nationalgalerie, Oslo. Auf dieser Zeichnung ist «das neue Wegstück in Leerdal 1845, das jedoch sehr schnell wieder aufgegeben wurde», abgebildet. Das Fahrzeug ist ein «karjol», das sehr oft für Transporte benützt wurde.

Man sieht das Pferd immer wieder in Ausschmückungen, Statuen, Malereien und anderen Darstellungen, häufig als Randfiguren in anderen Motiven. Damit zeigt der Norweger seinen Respekt für die Rolle, welche diese Pferde in der norwegischen Gesellschaft gespielt haben, und nimmt so das Pferd mit in die Gegenwart und in die Zukunft.

Das Fjordpferd im Ausland

Immer wieder haben Ausländer nach einem Aufenthalt in Norwegen Fjordpferde gekauft und mit nach Hause genommen. Pferde wurden auch für die Zucht verkauft, und deshalb haben Island und die Färöer um die Jahrhundertwende einige Hengste gekauft.

In der Zwischenkriegszeit war in Polen ein Fjordpferdegestüt aufgebaut worden. Nach dem Krieg haben Schweden, Holland und Deutschland viele Fjordpferde gekauft und eine bedeutende Zucht aufgebaut. Während des Krieges haben die Deutschen Zuchtmaterial erworben und wollten in Salzburg ein Fjordpferdegestüt gründen.

Was nach dem Krieg mit diesem Gestüt passiert ist, weiß niemand, aber vermutlich ist es aufgegeben worden. In Dänemark aber wurde das Fjordpferd außerhalb Norwegens erst richtig populär.

Das Fjordpferd kommt nach Dänemark

Wir wissen natürlich nicht genau, wann die ersten Fjordpferde nach Dänemark kamen, aber im 16. und 17. Jahrhundert waren Pferde aus Norwegen nach Dänemark eingeführt worden. 1560 wird erwähnt, daß zwei Pferde zum König gesandt wurden. Der König wollte auch «vier gute, starke norwegische Kleinpferde von derselben Farbe und Größe, welche er für seine eigene Kutsche benützen könnte», haben. 1622 soll der König zehn norwegische Pferde «mit demselben Haar und derselben Farbe» gekauft haben. In der Zollbuchführung des Ortes «Ryfylket» in Norwegen kann man lesen, daß im Jahre 1665 69 Stuten von «Ryfylket» nach Jütland ausgeschifft wurden. 1668 wurden 36 Stuten und in den folgenden zwei Jahren insgesamt 76 Hengste und Stuten ausgeführt. Wenn auch nur in kleiner Zahl, sind doch Fjordpferde während vielen hundert Jahren in Dänemark gewesen.

Die falbe Herde des Frederiksborggestüts

Eine markante Spur hat die Rasse bei der Gründung einer falbfarbenen Herde auf dem Gestüt «Frederiksborg» hinterlassen. Dieses berühmte Gestüt auf dem königlichen Schloß «Frederiksborg Slot» in Hilleröd hatte die Aufgabe, Reit- und Kutschpferde für das königliche Haus zu züchten. Damals war das entscheidende Standessymbol ein elegantes Gespann. Ein Gespann dieses Gestütes war also in mehrfacher Beziehung ein königliches Geschenk. Als Geste konnte man einem ausländischen Fürsten einen Zwei-, Vier- oder Sechsspänner schenken. Diese Gespanne waren immer nach Farben abgestimmt. Aus diesem Grund hat das

Gestüt vorwiegend nach Farben gezüchtet. Das Zuchtmaterial war in Herden eingeteilt, die alle nach den Farben der Pferde benannt waren. Demzufolge konnten Probleme entstehen. Weiße Pferde zum Beispiel sind sehr schwierig reinzuzüchten, ohne schwach oder unfruchtbar zu werden. 1710 hatte Frederik IV. die sogenannte Falbherde gegründet, und dazu war aus Norwegen der Fjordhengst «Norbak» gekauft worden. «Norbak» war 1706 geboren. Diese Falbherde bestand mit kurzen Unterbrechungen bis zu ihrer Auflösung 1791. Außer Fjordpferden gab es in dieser Herde unter anderem neapolitanische Pferde. Der einzige Unterschied zwischen dieser Herde und den anderen Frederiksborgpferden war die Farbe. Heute findet man diese Farbe immer noch beim reingezüchteten Frederiksborgpferd, aber sie ist selten und erscheint als ein Isabel.

Das Fjordpferd in der königlichen Stallung

Nicht nur in der Frederiksborger Pferdezucht, sondern auch am königlichen Hof wurden Fjordpferde gebraucht. Der Hof besaß immer zwei sehr beliebte Gespanne mit Fjordpferden, die für die Jagd und Ausfahren benützt wurden. Auf dem Schloß «Rosenborg» sieht man eine kleine, in Elfenbein geschnitzte Kutsche, an die vier Pferde mit kurz geschnittener, aufrecht stehender Mähne vorgespannt sind. Obwohl die Pferde etwas zu lange Beine haben, sehen sie aus wie Fjordpferde. Das Fjordpferd hat seine eigene, lange Geschichte in Dänemark und wurde in der Zeit der Pferdeverwendung in den meist verwöhnten Kreisen respektiert.

Das Fjordpferd wird in Dänemark populär

Der große Import der Rasse begann jedoch erst am Ende des 19. Jahrhunderts. Zahlreiche Pferde wurden vor der Jahrhundertwende importiert, und wir wissen, daß in der Zeit zwischen

1900–1914 3100 Tiere eingeführt wurden. Diese Pferde waren Arbeitspferde für die dänischen Kleinbauern. Die meisten wurden nach Nordjütland verkauft. Das waren Pferde geringer Qualität, weil der Norweger, verständlich genug, nicht seine guten Zuchtpferde aus dem Lande gab. Während des Ersten Weltkrieges wurde der Import deutlich gesteigert, und 1917 waren seit Kriegsanfang insgesamt 7000 Pferde importiert worden. Gleichzeitig hat man in Norwegen (wie an allen anderen Orten) die Zucht auszuweiten versucht, um die große Nachfrage zu befriedigen.
In Kriegszeiten können Pferde in fast unbegrenzten Mengen und zu fast unbegrenzten Preisen verkauft werden. Der Kriegsmarkt braucht Pferde, und im zivilen Leben ist das Pferd oft das einzige übrigbleibende Transportmittel (wie im Zweiten Weltkrieg, als Benzin rationiert und Autos beschlagnahmt wurden). Nach dem Krieg hatten die Norweger einen großen Überschuß an Pferden. Zwischen 1920–1924 hat Dänemark 5000 dieser Pferde gekauft. Die Preise waren tief, und der Käufer konnte die besseren Pferde aussuchen.
Es verwundert, warum ein Agrarland wie Dänemark, das selber ohne Probleme Pferde züchten konnte, Mittel aufwendete, um Pferde zu importieren.

In Dänemark wird selbst gezüchtet

1919 waren acht Hengste in Norwegen ausgewählt, importiert und nachher in einer Auktion an die dänischen Zuchtvereinigungen verkauft worden. Anfang der 1920er Jahre wurden noch zwei Hengste gekauft, «Rytter» st. nr. 17 und «Haakon» dt. nr. 3. Mit diesen Hengsten und dem verfügbaren Stutenmaterial wurde gezüchtet. Alle falben Stuten wurden als Fjordstuten verwendet, und man machte keinen Unterschied zwischen Reinzucht und Kreuzungszucht. Eigentlich hat es gar kein reelles Stutenmaterial gegeben.

Bis vor ungefähr zwanzig Jahren war der wichtigste Arbeitsplatz des Fjordpferdes die Landwirtschaft, und hier hat es in ungezählten Einsätzen energisch und willig gearbeitet.

1931 wurde die Zuchtvereinigung «Nordbaggen» in Vendsyssel gegründet und der Hengst «Jarnung» st. nr. 2 gekauft. 1933 wurde von Gutsbesitzer Ancher auf «Overgaard» bei Hadsund ein Fjordpferdegestüt gegründet. Er wollte die Pferde züchten, um sie den Kleinbauern zu verkaufen, und hatte Zuchtpferde ohne Rücksicht auf die Preise eingekauft. Der Nachwuchs dieses Hengstes befriedigte nicht. Das Gestüt wurde nach vier Jahren bereits wieder aufgegeben.

Die Zuchtpferde wurden danach an die verschiedenen Zuchtvereinigungen verkauft, von denen man den größten Zuchterfolg erwartete. 1937 begann man in Dänemark ein Stammbuch zu führen, und das erste Stammbuch wurde 1940 veröffentlicht.

Drei Fjordpferde bilden ein kraftvolles Gespann.

Das Pferd des Kleinbauern

In Dänemark galt das Fjordpferd zuerst als «das Pferd des Kleinbauern». Diese Pferde hatten viele Aufgaben. Als vierbeiniger Arbeitsgefährte mußte es mithelfen, das Land auf den kleinen Landwirtschaftsbetrieben zu bearbeiten. Ein großer Vorteil des Fjordpferdes waren seine bescheidenen Futteransprüche, und fast jeder Kleinbauer konnte sich ein oder zwei Fjordpferde leisten. Man muß in diesem Zusammenhang daran denken, daß damals viele Landwirtschaftsbetriebe nur eine Größe von drei bis vier Hektaren hatten. Verständlicherweise konnten sich Familien auf solch kleinen Höfen nicht viel leisten.
Um ihr Einkommen über die Existenzgrenze zu bringen, hatten die Bauern oft Nebengeschäfte wie Güterverkehr und Milchtransport. Diese Arbeit, insbesondere der Milchtransport, mußte jeden Tag vor der täglichen Arbeit verrichtet werden. Dies bedingte ein Gespann, das Kraft und Wille für die Arbeit hatte. Hier

war kein Platz für schwache Beine oder kränkliche Pferde. Wieviele Millionen Liter Milch von kleinen Fjordpferden zur Molkerei gebracht wurden, kann niemand abschätzen.
Für diese Arbeit wurden auch Isländer (heute: das Islandpferd) und «Russen» (verschiedene Kleinpferde, die südlich und östlich von der Ostsee gekauft wurden) gebraucht. Die Qualität dieser Pferde war sehr unterschiedlich, und es war sicher ein großer Vorteil für die Fjordrasse, daß alle Pferde so gleichartig in Typ und Temperament waren. Von einem falben Pferd konnte man mit gutem Grund annehmen, daß es wie alle Falben anspruchslos, arbeitswillig und während vieler Jahre arbeitstüchtig war. Diese vielen tausend falbfarbenen Kleinbauernpferde waren aber doch, wie bereits gesagt, nicht alle reinrassige Fjordpferde.

Das kleine, gute Kutschpferd

Es war aber nicht nur der Kleinbauer, der damals das kecke Aussehen und den munteren Ausdruck dieser Rasse erkannt hatte. Nicht von ungefähr setzte man als Kutschpferd ein Fjordpferd ein, welches man meist vor den Einachser (Gig) spannen konnte. Damit fuhr man in die Stadt, und auch ein Hofbesitzer konnte sich damit sehen lassen. Auch Händler haben diese Pferde oft vor Brot-, Fisch- oder Milchwagen gebraucht.
Es gab einen Kutscher, der die Gewohnheit hatte, immer eine Pause im lokalen Gasthaus einzulegen. Die Pferde haben das eine gewisse Zeit lang akzeptiert, aber auch die berühmte Geduld des Fjordpferdes hat ihre Grenzen, und nachdem sie eine Weile vor der Tür gewartet haben, beschlossen die Pferde, die Arbeit selber zu beenden. Sie haben den ganzen Weg hinter sich gebracht und bei jedem bekannten Eingang angehalten und auf die Kunden gewartet. Die Leute haben schnell gelernt, sich selbst zu bedienen. Das einzige Problem war, daß nicht immer genug Wechselgeld vorhanden war. Nachdem die Pferde ein paarmal allein nach Hause gekommen waren, wurde ein neuer Kutscher angestellt.

Die Einsätze im Gespann, sogar in eleganten Kutschen, war in früheren Zeiten für die Pferde oft ein hartes Los.

Das kleine, falbe «Radhackepferd» war das Pferd, das am längsten im Gebrauch war, hier vor der Egge. Mit dem «Radhackepferd» wurde das Unkraut zwischen den Saatreihen beseitigt. Ein gutes «Radhackepferd» trat nie mutwillig in die Saatreihen.

Die Maschinen übernehmen die Arbeit

In der Zeit nach 1950 hat die Mechanisierung sehr große Änderungen in der Landwirtschaft herbeigeführt. Dies hat entscheidende Veränderungen im täglichen Leben des Pferdes mit sich gebracht. Sehr schnell waren viele gute Pferde arbeitslos, und nur dank dem Optimismus und der Beharrlichkeit der Züchter haben wir immer noch einige Exemplare der großen, kräftigen Arbeitspferde. Das Fjordpferd hatte mehr Glück. Dank seiner unübertroffenen Vielseitigkeit und Anpassungsfähigkeit konnte es auch in diesen Zeiten überleben.

Das Fjordpferd hat den Arbeitsplatz gewechselt

Trotz der Mechanisierung hielten sich viele Bauern die kleinen Falbpferde nach wie vor als Arbeitspferde, vermutlich, weil diese Pferde so billig zu halten sind. Die größeren Arbeitspferde verschwanden leider schnell, aber die Fjordpferde blieben etwas länger. Es schien fast, als ob sie auf ihre neue Aufgabe als Freizeitpferd gewartet hätten. Gleichzeitig, mit dem wieder erwachten Interesse für das Landleben, wurde es Mode, sich für Pferde und Reiten zu interessieren. Als man in Holland und Deutschland erst Robustpferderassen zu züchten begann, welche für Junioren und Freizeitreiter geeignet waren, besaß man in Dänemark schon einen großen Bestand von Fjordpferden.
Aber natürlich waren nicht alle Reiter vom Fjordpferd begeistert. Noch vor zwanzig Jahren war die Rasse viel schwerer und mehr geprägt vom Arbeitspferd als heute. Vermutlich aus diesem Grund waren manche Leute, auch Reitlehrer, von diesem Arbeitspferd nicht begeistert.
Viele junge Leute, die mit ihrem Fjordpferd zum Unterricht gingen, hörten nur Bemerkungen wie: «Kauf dir doch ein ordentliches Pferd». Nicht seriöse Qualitätsansprüche brachten und bringen die Leute zu solchen Meinungen, sondern eine Art Snobismus oder vielleicht Unwissen um das Vermögen dieses Pferdes.

Das Fjordpferd – eine Alternative

Betrachtet man den Nutzen des Fjordpferdes für den Reitsport in Deutschland und Holland, erstaunt es, daß die Reitlehrer in Dänemark den großen Wert des Naturponys nicht eingesehen haben. Aus diffusen Motiven oft unerfahrener und unwissender Reiter haben sie zum Kauf von Warmblutpferden oder hochblütigeren Kleinpferden geraten. In vielen Fällen haben die Leute diese Pferde dann gar nicht kontrollieren können und somit auch keinen Spaß am Reiten gehabt. Das Fjordpferd wäre für solche Pferdefreunde oft eine bessere Lösung gewesen.

Die edlen Sportpferde haben ebenfalls ihre Berechtigung. Es ist ja auch schön, die Möglichkeit des Zuganges zu einem Mercedes, Buick oder Rolls Royce zu haben, aber diese Autos machen den Fiat, VW und Landrover nicht überflüßig. Das Fjordpferd gehört zu einer dieser Rassen, die mit den letztgenannten Typen vergleichbar sind. Glücklicherweise gibt es Platz genug für alle, und jetzt haben viele Leute, sowohl Eltern als auch junge Pferdefreunde und auch viele junge Reitlehrer, gesehen, daß es etwas gibt, das man früher übersehen hat: ein sehr ökonomisches Junio-

Das Fjordpferd läßt sich nicht stoppen.

ren- und Erwachsenenpferd, das mit seinem guten Charakter auch von reitsportlich nicht so hoch ausgebildeten Reitern geritten werden kann.

Reiten bietet viele Möglichkeiten

Ein Grund, daß man früher das Fjordpferd nicht als Reitpferd akzeptieren konnte, lag darin, daß das Reiten sehr traditionell geprägt war. Man hat entweder Dressur oder Springen geritten und immer in der Halle oder auf der Bahn gearbeitet. Nur an bestimmten Orten in Dänemark, wo die Verhältnisse anders waren, war man etwas vielseitiger.
Daß das Fjordpferd auch Dressur und Springreiten beherrscht, haben viele gute Reiter schon lange bewiesen; wer aber sagt, daß jeder Reiter in diesen Wettbewerben mitzumachen wünscht. Eigentlich ist es nur ein ganz kleiner Teil der Reiter, den man an Turnieren trifft, aber die Resultate eines schönen Ausrittes sind natürlich für die Öffentlichkeit nicht so interessant. Darum vergessen wir oft die vielen Pferdefreunde, die auch Interesse an Pferde haben, aber «nur» mit Familie und Freunden im Gelände reiten.

Ein Ausritt tut sowohl Pferd als auch Reiter gut.

Im Gelände haben die Naturponys Platz. Das kann man beim Geländeritt und Tagesritt ausnützen.

Ausreiten

Das Fjordpferd ist immer ein Pferd gewesen, das seiner Fähigkeiten wegen als Reit- und Packpferd im Gelände sehr geschätzt wurde. Es ist ein Naturpony, das während Jahrhunderten dem Menschen in diesen Gebieten gedient hat, und wenn wir heute mit unseren Fjordpferden arbeiten wollen, müssen wir uns überlegen, ob wie sie richtig einsetzen.

Die Juniorengruppe macht sich für eine Reitstunde bereit.

Ich meine, daß wir das hierzulande leider nicht tun. Wir reiten die Pferde in Dressur und in der Springbahn, viel zu selten im Gelände. Dazu gehören Ausritte über mehrere Tage, in denen man wunderbare Erlebnisse mit den Pferden machen kann. Man erlebt das Pferd unter Umständen, unter denen es sich richtig entfalten kann.

Das Fjordpferd ist universell einsetzbar, sogar geeignet für die Jagdreiterei, denn es springt mutig und sicher und ist sehr ausdauernd. Deshalb wäre es wünschenswert, daß die Organisatoren sowohl in den Reitklubs wie auch in Fjordpferdekreisen mehr über solche Einsatzmöglichkeiten nachdenken würden. Es ist ganz einfach schade, daß das Pferd auf seinem ureigensten Gebiet nicht ordentlich ausgenutzt wird. Ausritte bedingen natürlich weiträumiges Gelände ohne zuviel Einschränkungen. Wir können ja heute nicht mehr weit reiten, ohne in Konflikt mit Eigentumsrecht, Landwirtschaft, Verkehr oder Verboten zu kommen.

Natürlich darf man beim Ausreiten keine Schäden verursachen, aber nach meiner Erfahrung darf man in den Landdistrikten, wenn man höflich fragt, fast immer auf Privatgrund reiten. Das besonders, wenn man vorsichtig reitet. Zu diesem Thema möchte ich auf einen Fehler hinweisen, den viele Reiter machen und der zur Folge hat, daß ein Unwille gegen Reiter auf privaten Straßen aufgekommen ist. Solche Straßen, die die Reiter gerne benützen, sind normalerweise Kies- oder Sandstraßen mit einem Grasbankett in der Mitte und eventuell Randstreifen. Auf solchen Straßen soll man auf den Banketten reiten und nicht in der Radspur, da dies vor allem bei Regen die Straße beschädigt. Hat man die Erlaubnis erhalten, auf so einer Straße zu reiten, soll man immer auf dem Gras reiten. Wenn die Reiter nicht einmal ganz simple Regeln befolgen, ist es nicht verwunderlich, daß die Landbesitzer abweisend werden. Diese Reiter schaden nämlich nicht nur sich selbst, sondern überhaupt dem Reiten in die Natur. Und das ist schade. Denn ein Tagesritt mit ein paar Leuten zusammen kann ein wunderbares Erlebnis sein. Auf einem Tagesritt wird man die wirkliche Leistungsfähigkeit des Fjordpferdes erleben.

Es geht, ja es geht sogar sehr gut.

Das Fjordpferd für den Anfänger

Wie mehrere Male angedeutet, hat das Fjordpferd einen besonders guten Charakter, was es für Anfänger sehr geeignet macht. Die Größe ist auch für Anfänger, Kinder und Erwachsene sehr angenehm. Es gibt sehr temperamentvolle und energische Fjordpferde, aber im allgemeinen sind sie ruhige und gemütliche Reitpferde, die sich fast zu viel bieten lassen. So dürfen ihnen Anfänger in den Rücken fallen und am Maul herumziehen. Es ist keine attraktive Aufgabe, Anfängerpferd zu sein, aber mit einer dicken Wassertrense löst das Fjordpferd diese Aufgabe ohne große Probleme. Da die Fjordpferde sehr weiche Bewegungen haben, ist es für den Anfänger auch nicht schwierig zu sitzen.

Nur unsere Phantasie kann die Einsatzmöglichkeiten des Fjordpferdes begrenzen. Sie sind zum Beispiel sehr gute Fußballspieler.

Wir machen es «stehenden Fußes».

Das Kinderpferd

Am universellsten eignet sich die Rasse wohl als Kinderpferd. Pferde haben eine magnetische Anziehungskraft auf Kinder jeden Alters. In der Kinderreiterei beherrschen heute Mädchen das Feld. Mit Fjordpferden kann man spielen. In unseren Stall kommen oft ein paar zwölfjährige Kinder und haben dann ein paar Stunden die Pferde geputzt und sich mit ihnen vergnügt. Das Pferd ist für das Kind ein ganz toller (Spiel)Kamerad. Dieses Spiel bedingt aber nicht nur, daß die Kinder Verantwortung übernehmen und mit Tieren umgehen können, sondern auch entsprechende Pferde.

Das Fjordpferd bei Dressur und Springreiten

Anfangs wollte der Reitsport das Fjordpferd nicht akzeptieren mit der Begründung, daß es für Sportreiten nicht geeignet sei. Das ist mit der Hummel und dem Fliegen zu vergleichen, denn nach physikalischen Berechnungen kann eine Hummel nicht fliegen. Jetzt ist das so, daß niemand der Hummel dies erzählt hat, und so fliegt

Der achtjährige «Danny» ist ein guter Springer.

Es ist ganz üblich, daß Fjordpferde vor anderen Rassen gewinnen können, auch wenn es für einige Zuschauer eine Überraschung ist.

«Rei Halsnäs» St. Nr. 542, mit seiner Reiterin Jette Bennedsen, ein erfolgreiches Paar aus Dänemark.

sie immer noch herum. Fleißige Reiter können mit dem Fjordpferd in leichten Dressurprüfungen gute Resultate erreichen. Die meisten Fjordpferde können ohne Problem 125 Zentimeter springen und starten in Springklassen mit Großpferden zusammen. In den letzten paar Jahren haben wir mehrmals die Bemerkung auf Turnieren gehört: «Jetzt kommen die Falben und nehmen alle die Prämien mit nach Hause.» Daß sich die Einstellung dem Fjordpferd gegenüber geändert hat, ist natürlich erfreulich.

Das Fjordpferd als Therapiepferd

Man ist glücklicherweise in der letzten Zeit mehr und mehr auf die große Bedeutung des Pferdes in der Therapie für physisch und psychisch Behinderte aufmerksam geworden.
Die meisten Behinderten sind von der Natur und dem Umgang mit Tieren abgeschnitten. Deshalb wird das Reiten für sie in mehrfacher Hinsicht sehr wichtig. Sie erhalten physisches Training, frische Luft und erleben, wie sie etwas immer besser machen können. Nur das Erlebnis, die Welt von einem Pferderücken aus zu sehen, statt aus dem Rollstuhl, gibt ihnen außerordentlich viel. Für psychisch Behinderte ist die Beziehung zum Pferd oft von allergrößter Wichtigkeit in der allgemeinen Therapie.

Auch für diese Aufgabe ist das Fjordpferd gut geeignet. Mit seinem gemütlichen Charakter und seiner angenehmen Größe ist es ein außergewöhnlich gutes Therapiepferd und wird in ganz Europa dafür eingesetzt. (Zum Thema Einsatz des Pferdes zu therapeutischen Zwecken gibt es ein ausgezeichnetes Buch von Helga *Vogel:* «Das Pferd als Partner des Behinderten».)

Das Fjordpferd als Kutschpferd

Das Fjordpferd war früher ein von Bauern und Handelsleuten sehr geschätztes Kutschenpferd. Nach vielen Jahren Stillstand hat der Fahrsport eine Renaissance erlebt und kennt jetzt Begriffe wie Qualität und Stil – Ansprüche, die zu stellen sich die Leute früher nicht leisten konnten. Heute fährt man nur mit Pferden, die alle Ansprüche wie Kraft, Ausdauer, Stabilität und Eleganz erfüllen, und das Fjordpferd ist gut repräsentiert, sowohl mengenmäßig als auch in den Resultatlisten.

Der Fahrsport ist in Fahrvereinigungen organisiert. Diese veranstalten Turniere, wo folgende Prüfungen gemacht werden müssen:

Auf der Marathonstrecke. Das Fjordpferdegespann ist für Wettbewerbe sehr geeignet.

Auf der Marathonstrecke sind die Ansprüche für alle hoch, aber es sieht danach aus, als ob das Pferd das genauso genießt wie die Leute.

Dressur, Hindernisfahren und Marathon. Das bedeutet, daß die Pferde nicht nur gehorsam und gut eingefahren, sondern auch ausdauernd sein müssen und eine gewisse Strecke innerhalb einer bestimmten Max./Min.-Zeit absolvieren können. Eine Marathonstrecke ist 17–25 Kilometer lang und enthält Hindernisse. Diese Hindernisse können Wassergraben, enge Passagen, Labyrinthe, kleine Hügel und ähnliches sein und fordern vom Kutscher viel fahrerisches Geschick.

Fjordpferde halten sich in diesen Prüfungen meist ausgezeichnet. Sie traben die ganze Strecke, ohne müde zu werden, und meistern die Hindernisse ohne Probleme, als ob sie Freude daran hätten. Es ist demzufolge nicht verwunderlich, daß sowohl die Einer-, die Zweier- und die Vierergespanne bei den Dänischen Meisterschaften 1984 von Fjordpferdegespannen gewonnen wurden.

Den Respekt für das Fjordpferd als Kutschpferd kann ich am besten illustrieren mit einer Bemerkung, die ich auf einer Marathonstrecke gehört habe. Auf der Strecke sind Pausen vorge-

schrieben. An einer dieser Stops ruhten sich zwei Gespanne aus. Das eine war ein Einspänner mit einem Pony und das andere ein Zweispänner mit Frederiksborgpferden. Die Kutscher unterhielten sich miteinander, als ein Fjordpferdekutscher dazukam, der in der Prüfung nicht gestartet war. Sie sprachen über die weitere Strecke und waren ein bißchen ängstlich wegen einigen der folgenden Hindernisse... «Die sind nicht schlimm», sagte der Fjordpferdemann, «ich habe die gestern durchfahren». «Ja, danke», antwortete der andere, «aber du fährst ja auch mit Fjordpferden.»
Wenn gesagt wird, daß man beim Fahrsport Stil und Qualität schätze, soll das nicht heißen, daß er nur ein Sport für reiche Leute ist. Dem ist überhaupt nicht so. Jeder, der die Möglichkeit hat, ein Pferd zu halten, kann auf irgendeiner Stufe dabeisein. Viele Leute starten mit Ponys einspännig. Oft bestehen die kleineren Pferde die Prüfungen sogar am besten.
Und wer sich als Kutscher nicht sicher genug fühlt, eine Marathonstrecke mit Hindernissen zu fahren, kann die Hindernisse ohne Probleme umfahren. Man hat damit keine Gewinnchancen, aber wie beim Reitsport gibt es auch beim Fahrsport verschiedene Aspekte. Wenn nur die Medaillen etwas bedeuten, ist es kein Sport mehr. Die ganze Prüfung soll ein Vergnügen sein, und daß die Anfänger eine Möglichkeit haben, sich selbst und ihre Pferde auszuprobieren, ist wichtiger als die Plazierung.
Doch grundsätzlich soll man nie an solchen Wettbewerben teilnehmen, wenn nicht alles Material in Ordnung ist. Das Geschirr muß korrekt angepaßt werden; man muß wissen, daß ein unerfahrener Kutscher weniger Kontrolle über seine Pferde hat als ein unerfahrener Reiter. Das ist einer der Gründe, daß Fahrsport am Anfang etwas schwieriger ist als Reiten, aber wenn man es beherrscht, macht es oft mehr Spaß. Ein Ausflug im Pferdewagen mit Frühstückskorb und der ganzen Familie ist doch ein schönes Erlebnis, das lange in Erinnerung bleibt, und ein Ausflug im Pferdeschlitten an einem frostkalten Tag ist etwas, das immer unvergessen bleibt.

Es gibt nichts Schöneres, als mit einem temperamentvollen Gespann vor dem Schlitten an einem frostklaren Tag über die schneebedeckten Felder zu fahren.

Das Freizeitpferd

Nach der Aufzählung aller sportlichen Einsatzmöglichkeiten des Pferdes folgt nun die wichtigste – das Pferd als Freizeitgefährte. Viele Leute, die vom Großstadtleben und seiner standardisierten Lebensform genug haben, finden wir heute auf dem Land. Sie bewirtschaften einen kleinen Bauernhof mit einer kleinen Hühnerfarm, Hunden und ein paar Freizeitpferden. Man muß nicht erfolgreicher Züchter oder Turnierreiter sein, um Vergnügen am Pferd zu haben. Heute haben sehr viele Leute eingesehen, daß die Gesellschaft von Tieren von sehr großem Wert sowohl für Erwachsene als auch für Kinder ist. Wenn die Familie ein Pferd hat, fehlt nie ein Spielkamerad.

Am besten und intensivsten sind die Pferde zu genießen, wenn man sie ganz in der Nähe des Wohnortes halten kann. So sind sie den ganzen Tag über zu beobachten, und man geht mit ihnen auf ganz natürliche Weise um. Pferde sind sehr soziale Tiere, die wie viele andere Tierarten eine ganz genaue Rangordnung haben. Diese wird von der physischen Stärke, von Geschlecht und Alter, vom Temperament und vielen anderen Faktoren bestimmt. Diese Verhältnisse kann man besonders deutlich beobachten, wenn ein neues Pferd in die Herde kommt. Pferde sind sehr gesellschaftliche Tiere, sowohl Artgenossen als auch anderen Tierarten (und auch Menschen) gegenüber. Wenn ich über Pferde in Mehrzahl spreche, meine ich nicht, dass man nur mehrere Pferde halten kann oder gar keines. Aber es ist nun mit Pferden wie mit Hunden und Kindern; sie alle fühlen sich in Gesellschaft besser. Hat man nun nur die Möglichkeit, *ein* Pferd zu halten, gibt es verschiedene Möglichkeiten, dieses artgerecht zu tun.

Gesellschaft wird vom einsamen Pferd geschätzt

Das einsame Pferd hat natürlich eine viel stärkere Beziehung zum Menschen als das Pferd, das mit anderen Pferden zusammen ist. Es wird sofort reagieren, wenn Menschen kommen, und oft wird es wiehern, wenn es sie sieht.

Das einsame Pferd ist sehr interessiert an anderen Pferden.

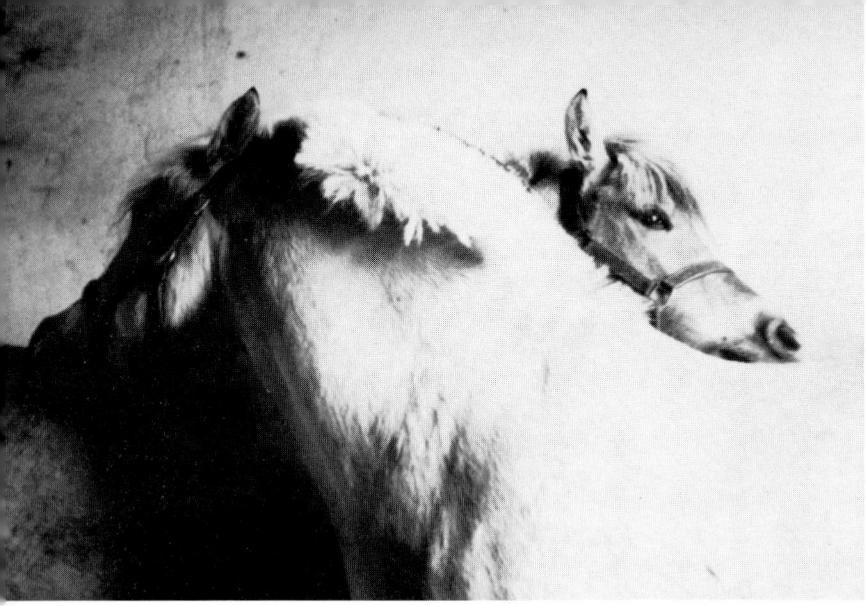

Pferde sind außerordentlich soziale Tiere und haben sehr originelle Verhaltensmuster – «If you scratch my bag, I scratch your bag.»

Das Pferd zeigt deutlich seinen Gesellschaftsdrang, wenn andere Pferde in die Nähe kommen. Einige schauen die fremden Pferde freundlich an und gehen vielleicht zum Zaun, um zu grüßen. Andere laufen in Panik dem Zaun entlang, wenn sie nur ein fremdes Pferd hören, und durchbrechen sogar den Zaun, um den Pferden nachzurennen.

Eine Ziege oder ein Schaf kann eine sehr gute Gesellschaft für ein Pferd sein. Es ist jedoch unter Umständen nötig, einen Zaun zwischen den beiden aufzurichten, da sonst das Pferd das kleinere Tier verletzen könnte. Sind diese Vorkehrungen getroffen, können die Tiere bestens nebeneinander leben und sogar durch eine gute Freundschaft verbunden sein.

Auch ein Kaninchen kann eine ganz gute Gesellschaft für ein einsames Pferd sein. Man muß nur darauf achten, daß der Kaninchenstall in der Höhe des Pferdekopfes ist, sonst haben sie keinen Kontakt miteinander. Sogar eine Katze und ein Pferd können eine freundliche Beziehung zueinander haben, aber das sind selbstgemachte Allianzen, auf die der Mensch keinen Einfluß hat.

Hunde und Esel sieht man ebenfalls als Gesellschafter für Pferde. In jedem Fall ist aber zu überlegen, welche Nachteile die jeweilige Tierart hat. Eine Ziege zum Beispiel neigt zum Ausbrechen, um zu Kulturen zu gelangen. Bei der Gemeinschaftshaltung mit Eseln muß an die Gefahr der Lungenwurmübertragung gedacht werden.

Ein Fjordpferd ist nicht teurer als ein Hund

Fjordpferde werden oft als Freizeitpferde gehalten. Der Grund dafür liegt wahrscheinlich darin, daß sie anspruchslos und günstig im Unterhalt sind. Außerdem sind sie sehr umgänglich.
Stellt man eine Rechnung an, sieht man bald, daß die Haltung von fünf Naturponys in einfachen Verhältnissen gleich teuer zu stehen kommt wie die Haltung eines Großpferdes in einem traditionellen Reitstall. Oder anders gesagt: Zu meinem großen Erstaunen stellte ich nach einem Jahr Pferdehaltung fest, daß es mich gleichviel kostet, einen meiner Bernhardinerhunde ein Jahr lang zu füttern wie eines meiner Fjordpferde. Die Rechnung basiert auf den Futterpreisen, die man beim Bauern bezahlt. Es ist also ökonomisch nicht unmöglich, Pferde zu halten, wenn man nur Platz für sie hat.

Ein Fohlen ist sehr ansprechend, aber man muß sich gut überlegen, wieviele man haben will. Ein Fohlen zu verkaufen, das man vom ersten Tag an um sich gehabt hat, ist sehr schwierig.

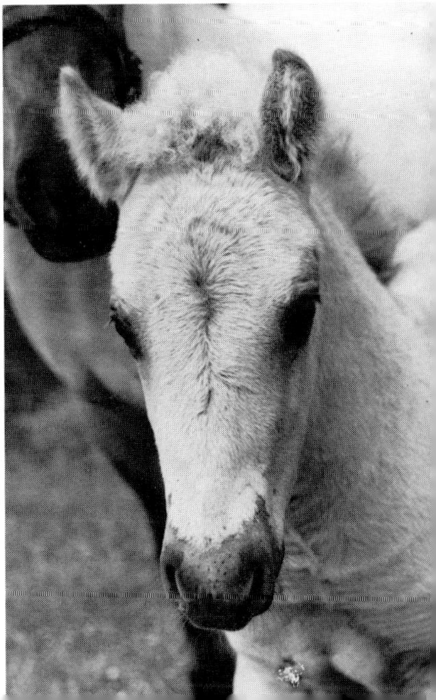

Der Standard des Fjordpferdes

Der Standard des Fjordpferdes

Der Kopf: muß für die Rasse typisch sein. Ein trockener, dreieckiger Kopf, mit kleinen, korrekt angesetzten Ohren. Die großen, klaren Augen sollen großen Abstand haben und der Nasenrücken kurz und etwas konkav sein. Gute Ganaschenfreiheit; der Kopf soll korrekt angesetzt sein.
Der Hals: soll genügend lang sein, nicht zu kräftig und nicht zu tief angesetzt. Man wünscht keinen Unterhals oder Speckkamm. Widerrist gut markiert.
Die Schulter: schräg, freiliegend und mit Muskulatur, weil hiervon die gute Sattellage abhängt.
Der Rücken: mittellang mit guter Muskulatur.
Die Brust: soll tief und gut gewölbt sein.
Die Kruppe: lang und leicht abgeschrägt, abgerundet von passender Breite und mit gut angesetztem Schweif.
Die Oberschenkel: lang und muskulös.
Die Beinstellung: soll korrekt sein, Sprunggelenk trocken und kräftig und gute Fesselgelenke.
Die Bewegungen: weite, raumgreifende Bewegungen und gute Sprunggelenkaktion.
Die Farbe und Abzeichen: hellfalb, dunkelfalb, fuchsfalb, mausgrau mit Aalstrich, der auch durch die Mähne und den Schweif geht, samt Wildpferdestreifen an den Beinen. Alle Abzeichen sind unerwünscht. (In Norwegen sind auch die ganz hellen Farben «gulblak» und «ulsblak» anerkannt.) Für die Rasse sind die kurzgeschnittene, aufrecht stehende Mähne, mit langem Schweif und Stirnlocke, charakteristisch.

«Rosendalsborken», I 8, 1863 geboren, war in Deutschland als Vertreter des norwegischen Fjordpferdes vorgestellt und hat natürlich sehr viel Aufmerksamkeit geweckt.

Temperament und Charakter: wird lebendig und gutmütig gewünscht.
Und die poetische Form: «Die Augen sollen wie die Seen in den Bergen in der Mittsommernacht sein: groß, tief und klar – der Hals mit schöner Aufrichtung, wie bei einem verliebten Bergburschen, der auf dem Weg zu seinem Mädchen ist – der Widerrist gut markiert, wie die Konturen der Berge gegen den Abendhimmel – das Temperament lebendig, wie der Fluß bei der Schneeschmelze, und doch gutmütig.» *Synnöve Reimann*
Wie ganz klar aus dem Standard hervorgeht, muß das Fjordpferd Reiteignung haben. Es wird eine geeignete Schulter- und Sattellage und Beweglichkeit im ganzen Körper gefordert. Es muß weite, raumgreifende Bewegungen haben. Der Hals soll genügend lang und nicht zu dick sein. Vergleicht man das mit dem, was der norwegische Konsulent früher als wünschenswert bezeichnet hatte, sieht man große Unterschiede.
Man wußte damals schon, daß der dicke Hals aus den Pferden nicht bessere Reitpferde macht, aber es hat ihnen geholfen, das Gleichgewicht in den Bergen zu behalten.
Ein sehr bekannter und bewunderter Zuchthengst, «Rosendalsborken», I 8, 1863 geboren, wurde am Anfang dieses Jahrhunderts als «nicht genug schwer, um die Arbeit verrichten zu können», erwähnt.

Fjordpferde sind nicht alle ganz gleich!
Links sehen wir einen Fuchsfalben (rödblak). Wenn der fuchsfarbene Aalstrich schwächer ist, sieht das Pferd wie ein Isabel aus. In der Mitte ein mausgrauses Pferd (oder silbergrau) und rechts die gewöhnliche Farbe: falb (brunblak).

Aus heutiger Sicht war dieser Hengst ein sehr gutes Pferd. An diesem Beispiel sieht man, wie sich die Ansprüche des Käufers schnell ändern; das Fjordpferd hat sich diesen Ansprüchen immer anpassen können.

Schwierigkeiten bei der Änderung des Zuchtzieles

Zuchtzieländerungen verlaufen nie ohne Probleme. Vor zwanzig Jahren war es für viele Leute sehr schwierig, das Fjordpferd nicht als Alternative für die großen Arbeitspferde zu sehen. Das Pferd sollte plötzlich nicht mehr wie eine kleine, trächtige Belgierstute aussehen, sondern geschmeidig, leicht und vielseitig sein. Innerhalb der letzten zwanzig Jahre hat die Rasse aber eine deutliche Veränderung erfahren. Man hat die Wölbung der Rippen gemessen und die haben sich sehr verändert. Die Pferde sind nicht mehr so schwerfällig geformt. Bei der Beurteilung wird jetzt auch immer Hals, Sattellage und Bewegungen bevorzugt beurteilt, im Hinblick auf die Reiteignung. Leute, die das Fjordpferd als «dickes, phlegmatisches Pferd» beurteilen, kennen das heutige Fjordpferd nicht und haben das alte Modell vor Augen. Früher gab es viele Fjordpferdebesitzer, die die Pferde zu viel gefüttert haben, und ihre Pferde haben dann wie Kaltblüter in klein ausgesehen. Heute werden die Pferde an Körungen und Tierschauen nicht mehr anhand des Gewichtes bewertet. Man wünscht den Fjordpferdetyp zu bewahren, aber als ein vielseitiges und brauchbares Pferd.
Im Gegensatz zu vielen anderen Pferderassen, die mit edlerem Blut eingekreuzt werden, um den jeweiligen Ansprüchen zu genügen, ist das Fjordpferd nur durch Selektion geändert geworden. Man hat das neue Zuchtziel verfolgt, indem man nur die richtigen Pferde auswählte. Nachdem in den verschiedenen Ländern ein Stammbuch geführt worden ist, wurde kein fremdes Blut mehr zugeführt. Das ist der Grund, daß die Rasse so homogen und unverkennbar ist.

Die Farben des Fjordpferdes

«Die kleinen Falben» sind, wie gesagt, falbe Pferde. Diese werden in verschiedene Kleingruppen eingeteilt.
Brunblak (falb): ist die gewöhnliche Farbe. Der Körper ist beige, der Aalstrich und die Streifen auf den Beinen sind dunkel. Die Grundfarbe kann als hell oder dunkel vorkommen und wird als hell- oder dunkelfalb bezeichnet. Das Maul ist fast immer mehlfarbig. Ungefähr 97 Prozent aller Fjordpferde sind brunblak.
Rödblak (fuchsfalb): hat dieselbe Körperfarbe, eventuell ein bißchen dunkler, aber die Streifen auf den Beinen und der Aalstrich sind fuchsfarben. Diese Farbe kann auch heller oder dunkler vorkommen, wobei die ganz hellen Pferde wie ein Isabel aussehen. Diese Pferde werden auch als helle oder dunkle «rödblak» bezeichnet. Das Maul kann rötlich oder grau sein. Ungefähr zwei Prozent aller Fjordpferde haben diese Farbe.
Ulsblak: ist ein fast weißes Pferd mit schwarzen Streifen und Aalstrich. In Dänemark gibt es keine Pferde mit dieser Farbe.
Mausgrau (silbergrau): Die Körperfarbe ist grau, kann von ganz hellgrau bis zu dunkel-stahlgrau variieren. Streifen, Aalstrich und Maul sind schwarz. Ungefähr ein Prozent aller Fjordpferde haben diese Farbe.
Diese Farbe entsteht, weil die Pferde einen erblichen «Bleichungs»-Faktor haben. Das Resultat dieses Faktors ist die Wildpferdefarbe (falb mit Aalstrich und Streifen an den Beinen und eventuell in der Mähne). Die Grundfarben des Pferdes sind braun, fuchsfarben und schwarz, wie wir dies auch bei anderen Pferden sehen. Mit diesem Bleichungsfaktor gibt es brunblak (braunfalb), rödblak (fuchsfalb) und mausgrau (die eigentlich sortblak [schwarzfalb] heissen sollte).
Neben diesen Farben gibt es auch ganz weiße Pferde, aber die sind sehr unerwünscht, weil sie Glasaugen haben, was sehr unschön ist. Man sieht sie auch bei Pferden mit Abzeichen über den Augen. Die Albinos können entstehen, wenn man mit grauen Fjordpferden reinzüchten will. Das ist auch der Grund, daß das erste

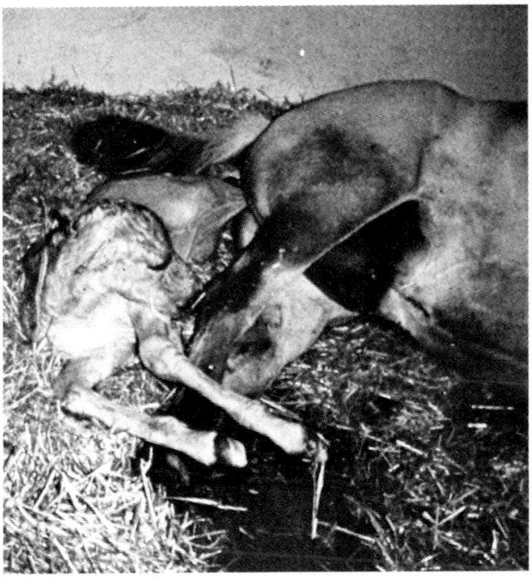
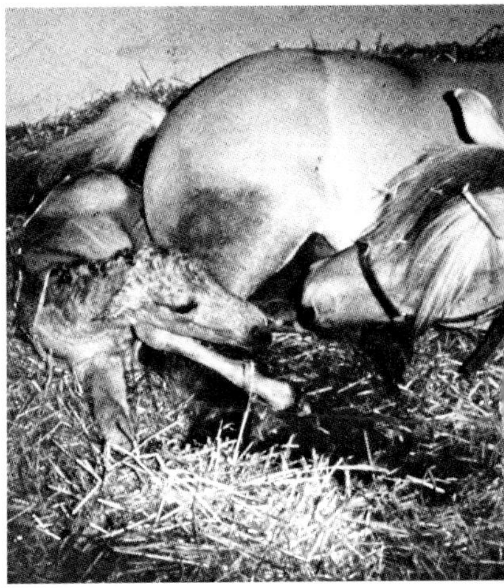

Ein Fjordpferd kommt zur Welt. Nicht jeder kann eine Pferdegeburt erleben. Die meisten Stuten sind in dieser Beziehung sehr zurückhaltend und warten mit der Geburt, bis die Umgebung völlig ruhig ist. Und geht es endlich los, passiert es oft in einer Kaffeepause. Aber wenn die Stute zu den Menschen Vertrauen hat und man dazu noch etwas Glück hat, kann man eine Situation wie diese erleben.

Fjordpferdegestüt, das 1844 in Norwegen gegründet wurde, aufgegeben werden mußte.
Die erbmäßigen Verhältnisse, die die Farben des Fjordpferdes betreffen, sind sehr genau erforscht. Wenn man die Farbkombinationen des Zuchtmaterials kennt, kann man Farbzucht machen.
Diese Genkombinationen kann man ausrechnen, wenn man die genetischen Regeln und die Farbe der Eltern, des Nachwuchses und vielleicht auch der Großeltern kennt.
Die meisten Haustierzüchter züchten sehr gerne nach Farbwahl. Das hat man auch bei der Fjordpferdezucht nach der Jahrhundertwende gemacht. Jetzt ist es so, daß 95 Prozent der Züchter alle ungewöhnlichen Farben weggezüchtet haben und sich sehr streng an die braunfalbe Farbe halten. Eine Erklärung dazu findet man im Kapitel «Die Einkreuzungen haben andere Farben und Abzeichen mitgebracht» (Seite 23). Heute ist es auch hier so wie fast überall: Die Ausnahme ist interessanter.

Die Abzeichen des Fjordpferdes

Sie sind klein und selten. Abzeichen gehören nicht zu den Wildpferdefarben und haben ihren Ursprung in der Einkreuzungszucht im letzten Jahrhundert. Man kann die verschiedenen Abzeichen, wie Blesse, Stern, Sokken usw. beim Dölepferd finden. Abzeichen wurden und werden immer noch weggezüchtet. Das einzige akzeptierte Abzeichen ist ein Stern, aber er muß so klein sein, daß man ihn hinter der Stirnlocke nicht sehen kann. Nur ungefähr ein Prozent aller Fjordpferde haben Abzeichen, und zwar fast ausschließlich die braunfalbenen.

Ein Fjordpferd ist schwierig zu identifizieren

Das Fjordpferd ist in Farbe und Gebäude so rassetypisch, daß jeder, der auch nur wenig von Pferderassen versteht, nie in Zweifeln ist, wenn er vor einem Fjordpferd steht. Man sieht es bei den Tierschauen, wo die falben Pferde in langen Reihen stehen, daß sich die Pferde sehr ähnlich sind. Aber diese Ähnlichkeit bringt auch Probleme mit der Identifikation des einzelnen Pferdes. Diese kann wichtig sein in Verbindung mit Turnieren, Versicherung, in der Zuchtarbeit und leider auch bei Diebstahl.
Es ist für Leute, die die Pferde nicht sehr gut kennen, fast unmöglich, ein bestimmtes Pferd aus der Herde zu nehmen und dann sicher sein zu können, daß es das richtige Pferd ist. Darum wäre es wünschenswert, wenn man die Fjordpferde mittels Brandmarkierung oder etwas Ähnlichem kennzeichnen lassen könnte. Zum Beispiel kann niemand sicher sein, wenn er ein Pferd kauft, daß es wirklich das Pferd ist, das auf den Papieren beschrieben ist. Besonders bei den Pferden, die durch mehrere Pferdehändler gegangen sind, besteht die Möglichkeit, daß die Papiere nicht mehr zum Pferd gehören. Leider gibt es keine praktischen Möglichkeiten, das zu kontrollieren.
Es gibt verschiedene Möglichkeiten, den Tieren bleibende Marken zu geben, zum Beispiel Brandmarken oder Frostmarken. Zur Zeit wird in den Zuchtvereinigungen besprochen, wie und ob man alle Fohlen markieren soll. Das wäre ein großer Fortschritt für die Rasse.

Der Charakter und das Temperament

Der gutmütige Charakter ist immer das «Markenzeichen» des Fjordpferdes gewesen. Früh in der Geschichte der Rasse, in Norwegen, war das Pferd für seinen guten Charakter bekannt, und die Einkreuzungszucht im letzten Jahrhundert wurde kritisiert und aufgegeben, weil diese Eigenschaft damit zerstört wurde.

Das Fjordpferd wird beschrieben als lebendig und energisch, aber gutmütig, und es ist wirklich so. In jeder der vielfältigen Aufgaben des Fjordpferdes werden große Ansprüche an Freundlichkeit und Besonnenheit des Pferdes gestellt, ob es sich um fast unmögliche Arbeitsverhältnisse oder Umgang mit Kindern, Behinderten oder Anfängern handelt. Das Fjordpferd ist im allgemeinen nicht nervös, und gerade diese Eigenschaft macht es möglich, den guten Charakter zu erhalten.

Wir dürfen aber nicht vergessen, daß es auch ein sehr energisches Pferd ist. Wenn nämlich ein Fjordpferd etwas gern macht, dann wird es gründlich gemacht. Es gibt Fjordpferde, die so gern durch eine Springbahn laufen oder einen Wagen oder Schlitten ziehen, daß man es fast nicht verstehen kann. Sie büffeln sich mit einer unglaublichen Energie durch die Aufgaben. Wer ein solches Pferd sieht, wird das Fjordpferd nie wieder ein faules Pferd nennen. An solchen Pferden erkennt man den großen Nutzen, den die Bauern in der Vergangenheit an diesen Pferden hatten.

Wieviel ein Pferd leisten kann, hängt nicht nur von der physischen Stärke ab, sondern fast noch mehr davon, wieviel das Pferd zu leisten bereit ist.

Man hat immer gesagt, daß das Fjordpferd außergewöhnlich leistungsbereit ist und ausgezeichnet mit Menschen zusammenarbeiten kann.

Die Rassebezeichnung des Fjordpferdes

Das Fjordpferd besitzt viele Bezeichnungen und Namen. Heute ist der offizielle Name in Norwegen und Dänemark «fjordhest». Früher wurde es in Norwegen auch «vestlandshesten» oder «fjording», eine andere Schreibform von «fjordhest», genannt. Die Namen «nordfjordhest» oder «nordfjording» wurden ebenfalls gebraucht.

In Dänemark wurde es von Anfang an «nordbagge» genannt, und die meisten Leute benutzen immer noch diesen Namen für die

Rasse. Sie wird auch «norsk hest» oder «norsker» genannt. Schließlich gibt es noch die Namen, die aufgrund der typischen Farbe und dem Gebäude entstanden sind, sowie «gul hest» (falbes Pferd), «den lilli gule» (der kleine Falbe) und «de smä gule» (die kleinen Falben). Diese Namen wurden aber auch für viele Kreuzungsprodukte gebraucht.

In Deutschland wird der offizielle Name «Fjordpferd» am meisten verwendet. Aber auch «Norweger» kann man hören und in den englischsprachigen Ländern heißen sie «norwegian pony» oder «fjordpony». In der Schweiz wird neben Fjordpferd oder Norweger auch der Begriff «Fjording» verwendet.

Verwandte Rassen

Im Anschluß hierzu möchte ich anfügen, daß man früher in Nordnorwegen einen Pferdetyp hatte, der «nordlandshesten» (das Nordlandpferd) genannt wurde. Weil der Verkehr der Küste entlang immer sehr stark war, ist es sehr naheliegend zu glauben, daß dieses Pferd von derselben Herkunft wie das Fjordpferd ist. Im letzten Jahrhundert hat man der Rasse Fjordhengste zugeführt, und so besteht eine nahe Verwandtschaft mit dem Grundstamm des heutigen Fjordpferdes.

In der Gegend «Troms» und «Finnmarken» dagegen gibt es eine andere Pferderasse, «Lynghesten», die in der Beschreibung den asiatischen Pferden sehr ähnlich ist. Es gehört zu der mongolisch-tatarischen Pferdegruppe, und man nimmt an, daß es mit dem finnisch-ugurischen Volksstamm aus dem Osten gekommen ist.

Dieses Pferd ist leicht zu identifizieren, aber die Blesse ist unerwünscht.

Die Eigenschaften des Fjordpferdes

Ist man einmal Fjordpferdefreund, bleibt man es für das ganze Leben. Wenn man die vielfältigen Einsatzmöglichkeiten dieser Rasse kennengelernt hat, ist man begeistert von den Reizen und der Freundlichkeit dieser Pferde. Kennt man alle anderen Vorzüge der Fjordpferde, kann man die Vorliebe für diese Pferde voll und ganz begreifen.

Wenig anspruchsvoll

Das Fjordpferd ist ein Naturpony und unterscheidet sich damit von den edleren Pferderassen, welche dünnere Haut haben, mehr Futter und Pflege erfordern und ein heikleres Temperament haben. Die Naturponyrassen, wie beispielsweise das Islandpferd, das Shetlandpony oder das deutsche Dülmenerpferd, haben die Eigenschaften beibehalten, die im Laufe der Zeit durch die natürlichen Gegebenheiten entstanden sind. Sie können Kälte und Futterknappheit durchstehen. Für solche Pferde ist es sogar schädlich, wenn man sie wie Warmblutpferde füttert und pflegt. Ein Fjordpferd ist am liebsten draußen und fühlt sich dort wohler als in einer isolierten und geheizten Stallung.

Kann auf Stein leben

In vielen norwegischen Pferdebüchern kann man über die Lebensverhältnisse, die das Leben für das Fjordpferd so hart gemacht haben, lesen. Diese Verhältnisse sind der Grund für die kleine

Größe dieser Pferde. Es ist ganz klar, daß das Fjordpferd bei solchen Lebensbedingungen das Futter besonders ausnützt, auch Futter mit sehr tiefem Nährwert. Gutes Stroh mit Rüben und Mineralzusatz gemischt, ist als Winterfutter sehr geeignet. Eine Stunde Ausritt pro Tag genügt dem Fjordpferd. Wenn das Pferd härter arbeiten muß, braucht es natürlich mehr Futter.
Es ist für ein Fjordpferd schädlich, wenn es «zu gut» gepflegt wird. Wenn man es nach Freßlust oder wie Warmblutpferde füttern würde, würde es wie Hefeteig aufgehen, und alle Charakteristika und die Leistungsfähigkeit der Rasse würden verschwinden. Deshalb sollte man das Pferd nicht überfüttern oder in einer warmen Stallung verhätscheln, denn damit würde man einen außergewöhnlichen und gut funktionierenden Organismus zerstören.

Zuverlässiger Charakter

Der Charakter eines Pferdes ist im allgemeinen sehr wichtig. Soll man mit einem Pferd auskommen, gleich welcher Rasse, ist es ganz entscheidend, daß es einen guten Charakter hat. Man muß mit ihm in der Stallung umgehen, es auf die Straße mitnehmen können, und es muß mit dem Menschen zusammenarbeiten wollen. Das Pferd muß die ihm gestellten Aufgaben, sei es beim Reiten, beim Fahren oder sonst etwas, ohne Probleme lösen können. Sogar das schönste und teuerste Pferd mit einem schlechten Charakter hat einen sehr kleinen Gebrauchswert.
Es ist für das Fjordpferd ein großer Vorteil, daß es so ruhig, zuverlässig und umgänglich ist. Bei guter – und leider auch oft bei schlechter – Behandlung hat es einen außergewöhnlich starken Arbeitswillen. Die meisten Pferde sind auch sehr vernünftig und lassen sich während der Arbeit nicht aus der Ruhe bringen, was sie für unerfahrene Leute sehr geeignet macht. Einer der Gründe, daß es früher auch in Ostnorwegen und Dänemark so populär war, lag darin, daß auch Frauen und Kinder mit diesen Pferden fahren konnten.

Guten Tag, wollen wir etwas zusammen machen?

Ach – ich weiß nicht so genau – . . .

. . . ich muß es mir ein bißchen überlegen

Angenehme Größe

Die Größe liegt normalerweise zwischen 135 und 142 Zentimeter Stockmaß, eher etwas größer, und das ist eine sehr praktische Größe für viele Leute.

Das Fjordpferd ist für Kleinkinder ein bißchen zu groß; das ist aber nicht so schlimm, weil es einen so guten Charakter hat. Wenn die Kinder acht bis zehn Jahre alt sind und ins «Ponyalter» kommen, ist ein Fjordpferd sehr interessant, weil es für sie nie zu klein wird. Ein Pony in der Größe zwischen 120 und 130 Zentimeter ist nach ein paar Jahren zu klein.

Okay, dann komm.

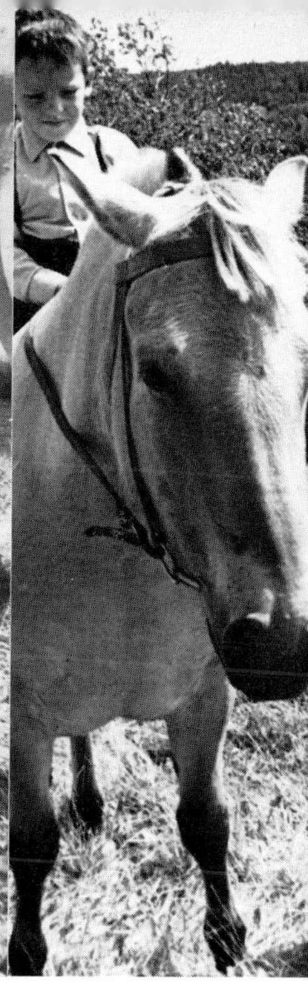

Er wollte unbedingt!

Foto: John Balten

Das Fjordpferd hat die Größe und Stärke, um einen Erwachsenen zu tragen, und das Kind kann das Pferd so lange reiten, wie sein Interesse für Pferde vorhanden ist. Für Anfänger und Behinderte ist es angenehm, daß es nicht größer ist.

Große Leistungsfähigkeit

Was diese Pferde leisten können, ist erstaunlich. Wie alle Robustrassen sind sie im Leistungsvergleich mit Großpferden für ihre Größe leistungsfähiger als diese. Sie sind kräftiger gebaut, die Knochenstruktur ist stärker und die Gliedmaßen belastungsfähiger, was natürlich sehr wichtig ist. Die kleinen Robustpferde wie das Fjordpferd können auf Tagesritten traben, klettern und springen und werden, wenn man die Größe mitrechnet, nicht so müde wie die großen Sportpferde. Das ist der Grund, warum ein Pferdekenner, der ein Pferd mit Kraft und Mut haben will, oft ein Fjordpferd bevorzugt.

Auch im hohen Alter arbeitstüchtig

Ponys werden alt – im Vergleich mit anderen Pferderassen sehr alt – und sind auch gebrauchstüchtig bis in ein sehr hohes Alter. Wenn man sein Fjordpferd vernünftig füttert und angemessen beansprucht, kann man damit rechnen, daß es um die 25 Jahre alt wird. Oft werden die Pferde auch viel älter. Sie können sogar weitervererbt werden. Als Teenager habe ich eine vierjährige Fjordstute geritten, die einer alten Dame gehörte. Das Pferd kam dann in einen anderen Landesteil, und Jahre später zog ich in dieselbe Richtung. Die Besitzerin war gestorben, und das Pferd gehörte ihrem Enkelkind. Ich habe das Pferd wieder besucht, siebzehn Jahre später, und meine Tochter, die damals acht Jahre alt war, machte ihre ersten paar Ausritte auf diesem Pferd. Man konnte dem Pferd nicht ansehen, daß es 22 Jahre alt war.

Vielseitig

Das moderne Fjordpferd ist, wegen der oben erwähnten Verhältnisse, eine der vielseitigsten Pferderassen, die es gibt. Es ist ein sehr gutes Familienpferd, für alle Altersklassen, für die Kleinsten, die es kaum erklettern können, bis zum hohen, gichtgekrümmten Alter, in dem das Absteigen Mühe bereitet. Es kann geritten, gefahren oder gestreichelt werden und das ganze Jahr draußen sein. Man kann es auf der Weide genießen oder mit den Schafen in den Obstplantagen grasen lassen und mit Brot aus dem Küchenfenster füttern oder durch Wasserlöcher und Staubwolken auf der Marathonstrecke fahren. Wir müssen der Natur danken, daß sie uns eine so vielseitige, robuste Pferderasse geschenkt hat.

Die Haltung des Fjordpferdes

Das Fjordpferd kann das ganze Jahr draußen sein

Weil das Fjordpferd ein Naturpony ist, ist es ein starkes und robustes Pferd, welches an das Futter sehr kleine Ansprüche stellt. Diesem Umstand muß man Rechnung tragen, wenn man den Alltag des Pferdes gestalten will.

Es ist nicht notwendig, eine robuste Pferderasse den größten Teil des Jahres in der Stallung zu halten. Diese Pferde sind für die Offenstallhaltung geschaffen. Es ist nur die Auffassung des Menschen, daß es angenehm sei, wenn die Pferde an der Stallwand angebunden werden. Viel frische Luft und Bewegung ist für alle Pferde das beste. Für ein Naturpony wie das Fjordpferd ist es sogar schädlich, in einer warmen Stallung zu stehen, zu wenig Bewegung und vielleicht zu viel Futter zu erhalten. Sie sind wie das Islandpferd für ein Leben im Freien geschaffen. Das bedingt bloß, daß sie ein dickes Fell entwickeln können und genug Futter bekommen.

Im Winterfell merkt das Fjordpferd die Kälte fast nicht, – vorausgesetzt, es hat genug Futter.

Die Bedingungen des freien Lebens

Ich kenne Fjordpferde, die fast das ganze Jahr im Freien sind. Sie kommen nur in die Stallung bei extrem schlechtem Wetter oder Stuten, die abfohlen. Im Stall ist der Kontakt mit den Fohlen von Anfang an da. Einige Einschränkungen und Forderungen sind für die Haltung im Freien zu machen.

Eine der Einschränkungen ist, daß man nicht dieselbe Möglichkeit hat, mit den Tieren Kontakt zu haben, aber wenn man sie oft besucht mit einem Leckerbissen in der Tasche, ist der Kontakt gut aufrechtzuhalten. Sie schätzen diese Besuche und kommen immer gleich, wenn man erscheint. Ferner ist es nicht ratsam, ein verschwitztes Pferd an einem kalten Wintertag auf die Weide zu stellen, auch wenn es gut im Schritt abgeritten worden ist. Man liest nicht selten, daß es den Naturponys nichts ausmache, aber ich möchte es nicht selber ausprobieren.

Noch eine Einschränkung: ein Pferd, das im Freien sein muß, darf man sehr wenig scheren, frisieren und putzen. Wenn das Pferd jeden Tag längere Zeit draußen verbringt, muß es das ganze natürliche Fell entwickeln können. Dazu kommt, daß es ein Vorteil für das Pferd ist, eine lange Mähne und ein dichtes Schweifdach zu haben. Das zu häufige Putzen zerreißt nämlich das Fell, von welchem das Pferd so abhängig ist. Wir dürfen nur den Schmutz auf der Oberfläche wegnehmen.

Pferde, die die meiste Zeit – oder das ganze Jahr – draußen sind, müssen natürlich diesen Verhältnissen entsprechend gefüttert werden. Die Rasse stellt bescheidene Ansprüche, und Rauhfutter (Heu, Stroh und Rüben) eignet sich als Futter ausgezeichnet. Jungpferde und trächtige Stuten brauchen etwas zusätzliches Futter. Wenn die Pferde nicht genügend Futter kriegen, ist es unverantwortlich, sie draußen zu halten. Wasser brauchen sie immer, auch wenn die Temperatur unter null Grad beträgt.

Die Pferde müssen immer Windschatten aufsuchen können. Ein Schuppen ist die beste Lösung. Er muß dicht und als Futterplatz geeignet sein.

Fjordpferde im Stall

Will man das Pferd jeden Tag ausreiten – und das möchten die meisten von uns –, muß man es unter Dach nehmen können zum Putzen, Pflegen und nach dem Reiten zum Trocknen lassen. Das Pferd braucht Schutz und Windschatten; die Stallung kann in fast jedem guten Gebäude eingerichtet werden. Wichtig ist es, daß der Anbindestall oder die Boxe aus soliden Materialien gefertigt ist, so daß das Pferd nichts beschädigen oder sich selbst verletzen kann. Das Pferd muß immer Wasser haben, und wird es mit Kraftfutter gefüttert, muß in der Boxe eine Krippe oder Futterschüssel sein. Nirgendwo dürfen Nägel oder andere scharfe Dinge in der Boxe vorstehen, die das Pferd verletzen könnten. Unter diesen Umständen kann man ohne große Ausgaben einen Stall in einem geeigneten Gebäude bauen.
Es ist klar, daß eine solide Boxe (mind. 2 × 2 Meter) oder ein guter Anbindestall (mind. 1,5 × 2,5 Meter) ideal ist und unter allen Umständen so gebaut ist, daß das Pferd dort bleibt, wo man es hingestellt hat. Es ist keine gute Lösung, wenn das Pferd sich losreißen kann und Zugang zum Futter oder zu Werkzeugen hat. Ein Pferd kann sich mit Werkzeugen verletzen oder an Magenüberladung und Kolik sterben, wenn es ans Futter kommt und alles fressen kann.

Die Bedingungen für das Pferd im Winterfell . . .

Fjordpferde dürfen nicht heiß haben. Vor mehr als fünfzig Jahren ist eine meiner Freundinnen mit einem Tierarzt in Norwegen herumgefahren. Überall wo sie hinkam, haben die Pferde gesund und zufrieden in den Stallungen gestanden, wo Eis an den Wänden war. Der Tierarzt hat erklärt, daß das Schlimmste für diese Tiere Feuchtigkeit und Zugluft seien. Vier bis fünf Grad im Stall dürften für die Pferde ideal sein, da sie den ganzen Winter tagsüber im Freien sind und deshalb ein gutes Fell haben.

Ein Eisbär? Nein, ein Fjordpferd mit Winterfell. Dieses Fell soll (und kann) man nur auf der Oberfläche putzen. Bürstet man zu stark, kann das Pferd im Winter nicht mehr im Freien sein.

Das Naturpony braucht keine Stallung, aber er ist natürlich bequem. Die Stallung darf aber nie ein Gefängnis für das Pferd sein. Naturponys haben mehr Bewegung und frische Luft nötig als ein Warmblutpferd.

. . . und für das Pferd ohne Winterfell

Ein Pferd, das sehr viel gepflegt wird und während des ganzen Winters fast nicht draußen ist, entwickelt kein Winterfell und muß darum andere Stallverhältnisse haben: Entweder muß der Stall ungefähr fünfzehn Grad warm sein, oder das Pferd muß mit einer Decke zugedeckt stehen gelassen werden.

Die tägliche Pflege

Besonders für Anfänger ist es ein Vorteil, daß das Fjordpferd so wenig anspruchsvoll ist. Doch soll das nicht heißen, daß der Pferdebesitzer das Tier nicht pflegen muß. Die Überlebensfähigkeit dieser Rasse ist zwar groß, aber man darf es nicht übertreiben. Es ist darauf zu achten, daß nicht plötzlich etwas passiert, wie Bein- oder Hufstellungsprobleme, weil das Pferd zu selten zum Schmied kommt oder Krankheiten zum Beispiel wegen Würmern bekommt. Oder Jungpferde sind unter Umständen plötzlich nicht mehr kontrollierbar, weil sie zu lange nichts mehr mit Menschen zu tun gehabt haben.
Man betrügt sich letztlich selbst, wenn man sein Pferd nicht ordentlich pflegt. Oder anders gesagt: Je mehr Umgang man mit seinem Pferd hat, es pflegt und mit ihm arbeitet, desto mehr Vergnügen hat man mit ihm. Dieses Vergnügen ist die Belohnung, die uns das Pferd für Futter und Pflege gibt. Und das Fjordpferd bezahlt uns reichlich für das, was es erhält.

Die Stallung sauber halten

Wir fühlen uns alle in sauberer Umgebung am wohlsten, und deshalb müssen wir auch die Stallung sauber halten. Es gibt zwei Möglichkeiten: Entweder wird jeden Tag frisches Stroh eingestreut und den ganzen Winter nicht gemistet, oder man mistet die Boxe jeden Tag, bevor man das Stroh einstreut, was die beste Methode ist. Man muß so viel Stroh verwenden, daß das Pferd sich stundenlang trocken und bequem hinlegen kann. Die Krippe soll immer sauber gehalten werden und für Jungpferde in Kniehöhe und für erwachsene Pferde in Brusthöhe angebracht werden. Wasserkübel und Wasserautomaten müssen immer wieder gescheuert werden, weil sie nach ein paar Tagen sehr schmutzig werden. Beim Füttern soll man die Wasseranlage jedes Mal kontrollieren und reinigen.

Wenn das Pferd im Freien ist, kann man die gereinigte Boxe leer stehen lassen, so daß sie trocknen kann. In der warmen Jahreszeit ist es gut, die ganze Stallung mit desinfizierenden Mitteln zu waschen und die Wände zu kalken oder weißen. Im Sommer ist es wichtig, den Boden sauber und trocken zu halten, weil sich an den tiefen, feuchten Stellen Fliegeneier und Parasiten bestens entwikkeln können. Falls das Pferd angebunden ist, muß man den Strick immer wieder kontrollieren.

Putzen

Wie bereits erwähnt, darf man ein Pferd mit Winterfell nicht zu häufig putzen, aber ein Pferd, das nicht von seinem Winterfell abhängig ist, kann man wie jedes andere Pferd mit Gummikratzer und nicht zu steifen Nylonbürsten putzen. Das tägliche Putzen hält das Fell sauber und die Haut geschmeidig; wenn die Pferde das Fell wechseln, kann man das Resultat der Anstrengung deutlich sehen. Der Kopf soll immer in Richtung der Haare mit einer weichen Bürste oder einem Waschlappen geputzt werden. Die langen Haare an den Beinen kämmt man am besten mit einem Stahlkamm durch (die für Hunde sind oft besser als die für Pferde).

Schweif, Mähne und Stirnlocke

Traditionell ist der Schweif des Fjordpferdes lang, dick und meist unten gerade geschnitten. Im allgemeinen soll der Schweif wenig oder gar nicht gebürstet werden, weil die Haare dabei herausgezogen werden. Ein Pferd sieht nicht schön aus mit einem dünnen, zu viel gebürsteten Schweif und es dauert drei Jahre, bis ein Schweif ganz neu nachgewachsen ist. Waschen kann man ihn beliebig oft, entweder mit Pferdeshampoo oder mit Schmierseife, aber man muß immer gut nachspülen. Wenn man mit Salzwasser wäscht, braucht man nicht nachzuspülen.

Ist der Schweif trocken, kann man ihn in die Hand nehmen, vorsichtig bürsten und eventuellen Schmutz mit den Fingern verlesen. Manche Pferde kratzen sich den Schweif im Stall oder sonstwo auf, und das sieht nicht gerade schön aus. Dies kann durch Pfriemenschwänze (Darmwürmer) verursacht werden. In diesem Fall kann man versuchen, das Pferd mit einem Mittel gegen Ungeziefer zu waschen oder mit Salz- oder Essigwasser nachzuspülen. Wenn man auf Parasiten im Mastdarm tippt, kann man Wurmmittel verabreichen.

Das Fjordpferd ist für seine geschnittene, aufrecht stehende Mähne bekannt. Der Grund, warum man dies ursprünglich so gemacht hat, liegt wahrscheinlich zum einen an der dicken und schweren Mähne; zum anderen würde die zweifarbige Mähne sehr ungeordnet aussehen, wenn sie lang wäre. Eine zweifarbige, lange Mähne sieht man auch nicht bei Körungen und Tierschauen. Das Pferd muß dort die Mähne – kürzer oder länger – geschnitten haben. In welcher Form die Mähne geschnitten wird, ist Mode- und Geschmackssache und soll auch von der Anatomie des Pferdes abhängig sein. Der Gesamteindruck eines Pferdes kann sich mit der «Frisur» sehr stark ändern. Ein Pferd mit zu kurzem und dickem Hals sieht beispielsweise vorteilhafter aus, wenn man die Mähne bis zur Sattellage lang geschnitten läßt und nicht beim Anfang des Widerristes kurz schneidet. Manche meinen, daß der höchste Punkt der Mähne gerade über der Bugspitze sein soll, und es ist fast eine Regel, daß die Haare an beiden Enden gleich lang sein sollen. Vor einigen Jahren hat man die weißen Haare ein bis zwei Zentimeter kürzer geschnitten als die schwarzen Haare. Dieser Schnitt wird «Trauerrand» genannt; man sieht ihn nicht mehr oft. Auch bei den Pferden wechselt die Mode mit der Zeit.

Die Mähne soll, um eine schöne Form zu behalten, ungefähr jeden zweiten Monat geschnitten werden. Mit einer großen, gut geschliffenen Schere geht dies am besten. Hinter den Ohren, wo das Halfter liegt, und zwischen den Ohren und der Stirnlocke sollen die Haare weggeschnitten werden. Die Stirnlocke darf lang sein; man sieht dies oft bei Hengsten. Sie muß vorsichtig durchgebür-

Haarmode! In dieser schönen Reihe von gut gepflegten Fjordpferden sieht man links den sogenannten «Trauerrand» (war früher sehr populär), in der Mitte den «New Look», und die übrigen Pferde haben normale, gut geschnittene Mähnen. Wer sagt, daß wir alle gleich aussehen sollen?

stet werden. Ist sie zu kräftig, kann man einige der oberen Haare bei den Wurzeln abschneiden. Das muß aber oft gemacht werden, sonst spalten sie sich. Falls die Stirnlocke zu breit ist, schneidet man am besten an den Seiten vorsichtig etwas weg.

Eine Individualistin. Ist sie nicht lieb?

Ein schöner Fjordpferdekopf mit einer typischen Stirnlocke. Es soll das Pferd angeblich nicht stören, wenn die Haare über die Augen hängen – aber gefragt hat das Pferd bis jetzt niemand! Vermutlich ist es am besten, wenn man sie auf den Seiten ein wenig kürzt.

«Es ist nicht auszuhalten, so sauber zu sein!»
Pferde, die sich gewöhnt sind, draußen zu sein, wälzen sich gern, besonders, wenn sie nach dem Reiten warm und naß sind. Sie tun dies auch gern nach dem Waschen.

Waschen

Bevor man ein Pferd zur Tierschau oder zu einem Turnier bringen kann, muß man es waschen. Man soll aber nur ein kurzhaariges Pferd waschen, das schnell wieder trocknet und das man in den Stall stellen kann. Wenn es kalt ist, darf man natürlich ein langhaariges Pferd nicht waschen.
Zum Waschen braucht man Schmierseife oder Pferdeshampoo und lauwarmes Wasser. Man fängt mit dem Hals an und wäscht die Mähne gründlich. Dann arbeitet man nach hinten und nach unten. Wenn das Pferd nicht daran gewöhnt und vielleicht an den Beinen kitzlig ist, soll man die Beine erst naß machen, um das Pferd ruhiger zu halten. Man taucht den ganzen Schweif in einen Kübel Seifenwasser und wäscht ihn gründlich durch. Am Kopf muß man vorsichtig sein und nur einen weichen Waschlappen benützen. Nach dem Waschen soll man das Pferd mit lauwarmem Wasser gründlich abspülen und mit einem Metallschaber abstreichen oder mit Handtüchern trockenreiben. Besteht die Gefahr, daß das

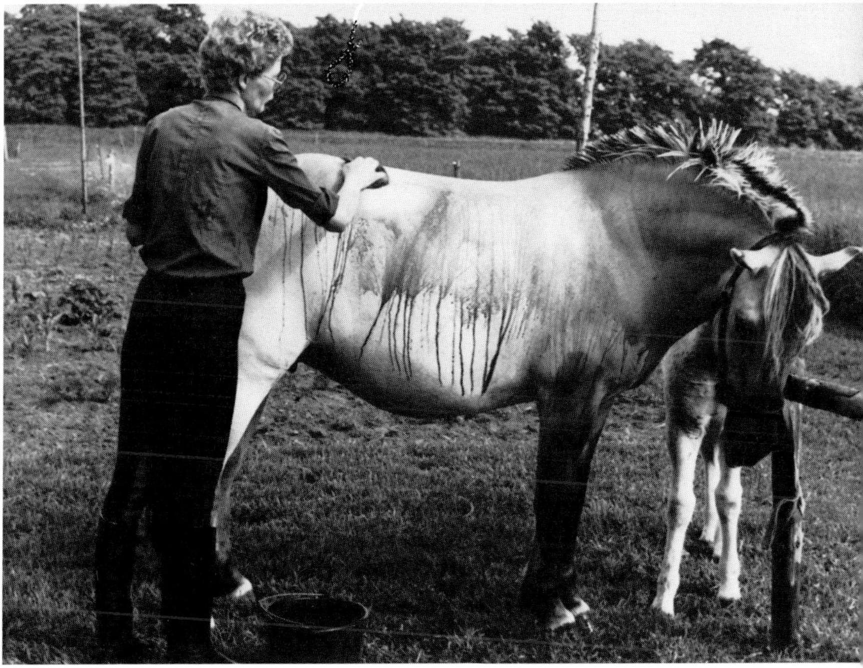

Erst beim Waschen sieht man, wie schmutzig das Pferd ist. Das Pferd muß erst gründlich gerieben werden . . .

Pferd zu frieren beginnt, soll es unter einer Decke stehen, bis es fast trocken ist. Ein Pferd darf nie über den Nieren frieren, weil es dort sehr empfindlich ist und davon krank werden kann.

Will man eine besonders gründliche Fellpflege machen, nimmt man die Decke weg, bevor das Pferd richtig trocken ist, und reibt dann das Pferd mit einem Fellglanzmittel ein. Man gibt dieses auf einen leicht angefeuchteten Lappen und reibt es mit dem Haarstrich ein. Das Fell bekommt dadurch einen herrlichen Glanz. Außerdem perlt das Regenwasser von einem wachsbehandelten Fell ab.

Wenn der Schweif und die Mähne nach dem Waschen wieder trocken sind, soll man sie vorsichtig, aber gründlich bürsten. Dann haben sie nachher viel mehr Fülle. Will man die Mähne schneiden, geht das am einfachsten, nachdem man die halbnassen Haare gebürstet hat.

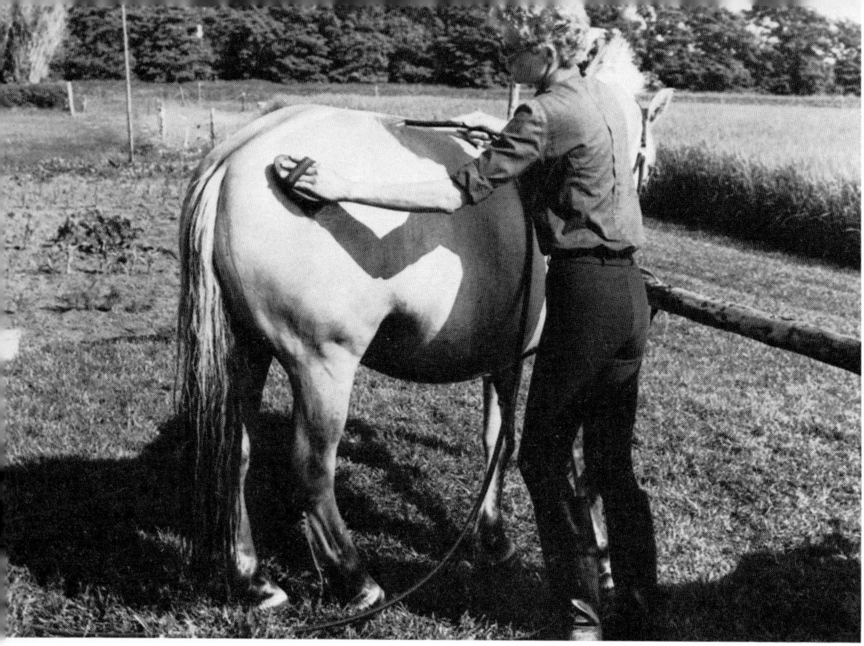

. . . und mit lauwarmem Wasser gründlich gespült werden . . .

. . . auch am Kopf.

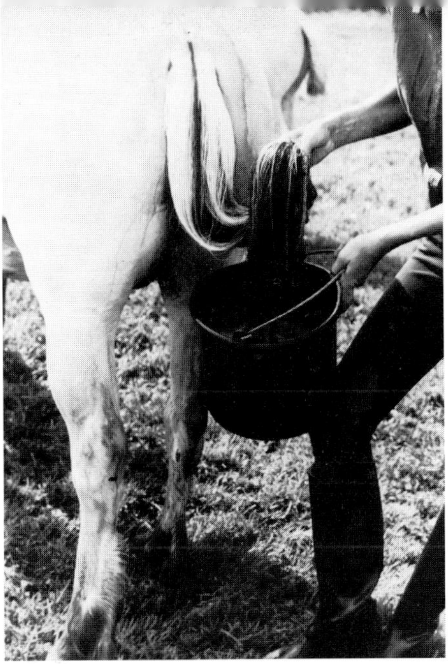

Der Schweif wird gewaschen und gespült . . .

. . . und das Pferd wird gründlich getrocknet, bevor die Decke aufgelegt wird.

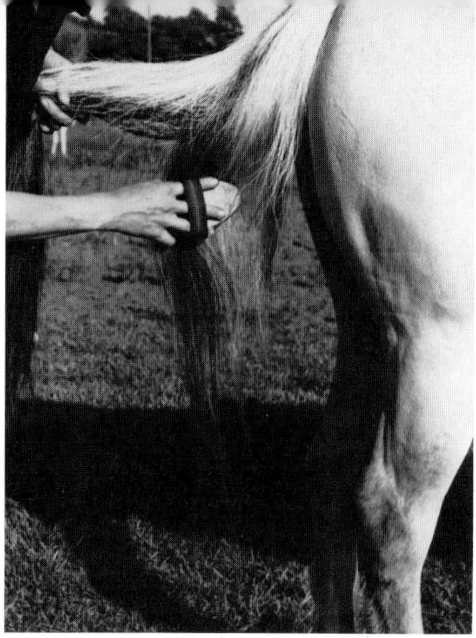

Wenn das Fell fast trocken ist, wird mit einem Fellglänzer poliert (links). Der trockene Schweif wird vorsichtig, aber gründlich durchgebürstet (rechts).

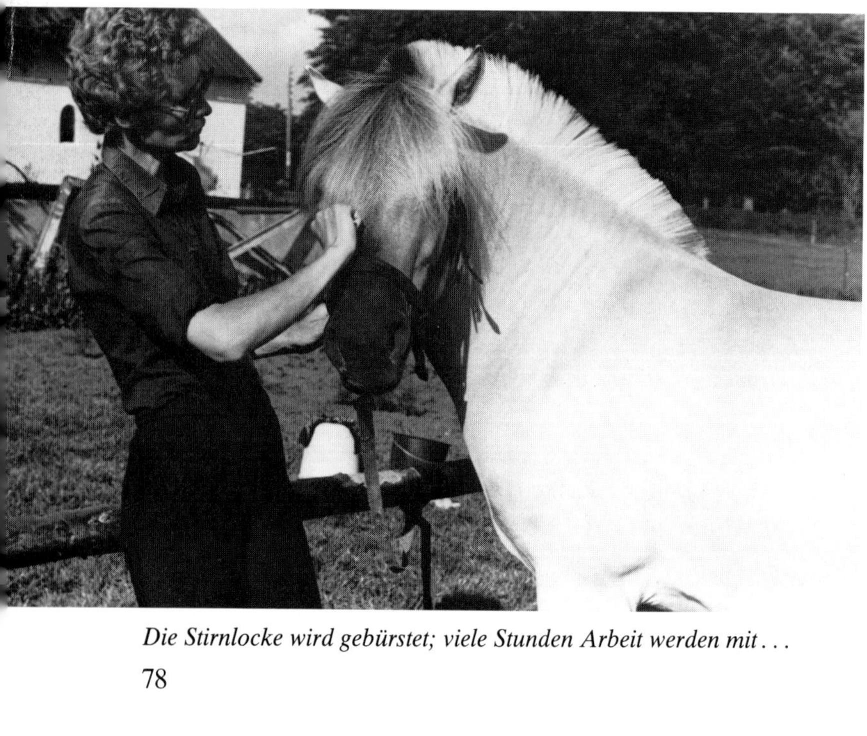

Die Stirnlocke wird gebürstet; viele Stunden Arbeit werden mit . . .

. . . einem tadellos gepflegten Pferd honoriert. Dieses abgebildete Pferd ist silbergrau; das ist am dunklen Kopf ersichtlich.

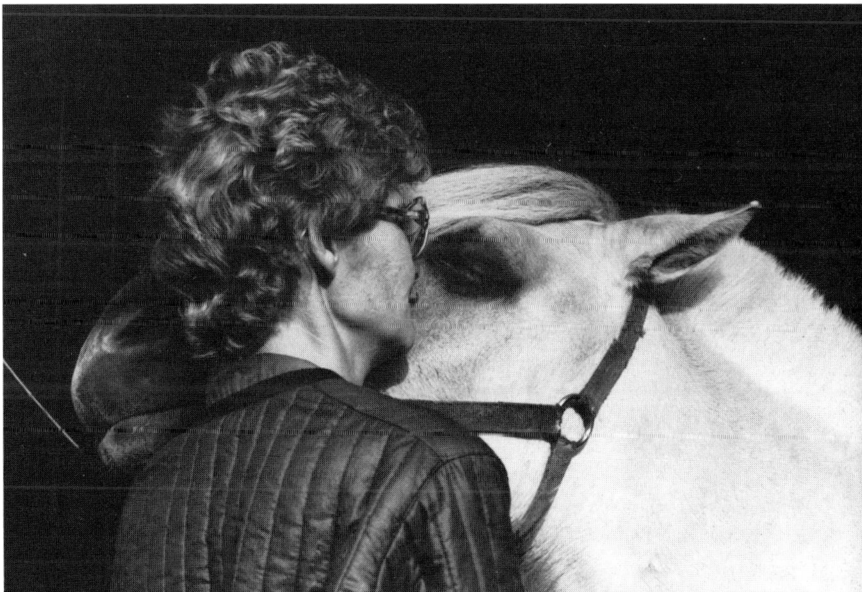

Uff, war das anstrengend! – Gut, daß ich jemanden habe, auf den ich mich abstützen kann.

Staubsaugen

Weil es nicht immer möglich ist, das Pferd zu waschen, kann man es zur Not auch staubsaugen. Natürlich muß man sehr schonend anfangen und braucht einen Helfer, der das Pferd beruhigt. Man gibt dem Pferd etwas zu fressen und versucht dann langsam, das Pferd auf dem Rücken zu saugen. Ich habe ohne Probleme alle unsere Pferde daran gewöhnt, mit Staubsauger gereinigt zu werden. Es gibt einen Spezialstaubsauger für Pferde und Rinder, aber auch der Haushalt-Staubsauger kann verwendet werden. Ein fester Staubsaugansatz mit Gummirillen ist das beste. Ein Pferd, das mit dem Staubsauger gründlich gereinigt ist, sieht schön und sauber aus.

Hufpflege

Die Hufpflege ist ein sehr wichtiger Bestandteil der Pferdepflege. Es ist für das Pferd entscheidend, daß es sicher und gut auf den Beinen steht. Zu diesem Zweck muß man die Hufe und eventuell den Beschlag regelmäßig prüfen. Für Jungpferde ist es besonders wichtig, daß man sich um die Beinstellung kümmert. Bis zum Alter von einem Jahr kann man mit Hufschneiden eine falsche Beinstellung immer noch geringfügig korrigieren, und bis zu zwei Jahren die Knie- und Sprunggelenke.
Auch das Umgekehrte kann passieren: Wenn Jungpferde mit schiefen und verwachsenen Hufen herumlaufen, führt dies durch falsche Belastung unter Umständen zu dauernden Schäden.

Die Hufe sollen sauber gehalten werden

Wenn das Pferd im Stall steht, müssen die Hufe jeden Tag gereinigt werden. Wenn der Huf sauer riecht oder schleimig wird, spricht man von einem faulen Strahl. In solchen Fällen muß die

 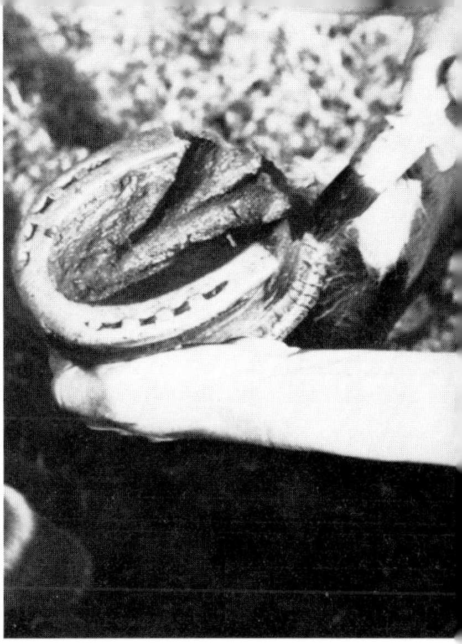

Wenn das Pferd im Stall steht, soll man genauso wie nach dem Reiten die Hufe reinigen (oben links).
Trockene Hufe kann man mit Hufől oder Huffett einschmieren. Die Trachten (wo der Pinsel hinzeigt) muß man auch reiben. Beim Einreiben der Hufe auf der Außenseite ist es wichtig, daß man nicht zu nahe an die Haare kommt, weil man damit die natürliche Feuchtigkeitsregulation des Hufes stören würde (oben rechts).

Waschen, oben und unten. Das Fußbad ist für trockene Hufe empfehlenswert.

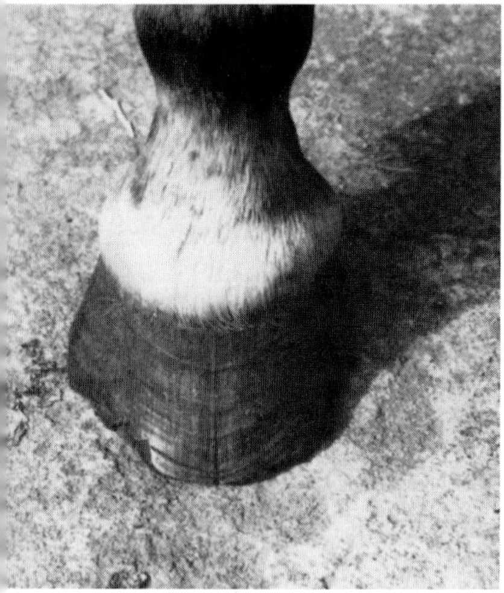

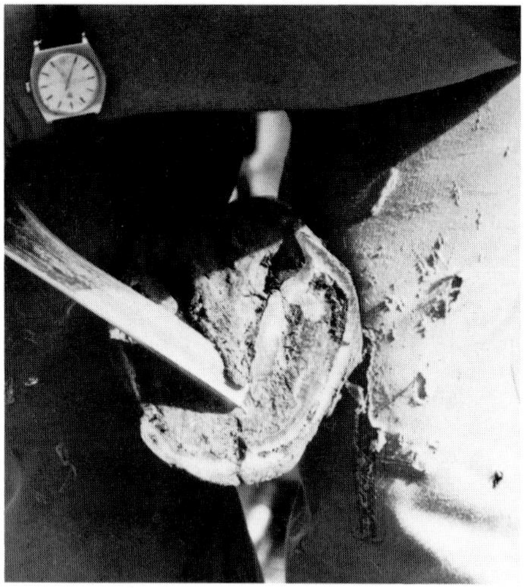

Dieser Huf hat einen Besuch beim Schmied dringend nötig (links).

Der Schmied reinigt den Huf zuerst mit der Hufklinge (rechts).

Stallung rein und trocken gehalten, die Hufe täglich gereinigt und die Sohle mit Teer eingeschmiert werden. Es dauert lange, solche Hufe wieder in Ordnung zu bringen. Deshalb lohnt es sich, die Verhältnisse von Anfang an in Ordnung zu halten.

Trockene Hufe sollen behandelt werden

In warmen, trockenen Perioden können die Hufe trocken werden und sich spalten. Zur Behandlung von gespaltenen Hufen werden Huföl oder Huffett empfohlen, aber diese haben den Nachteil, daß sie eine natürliche Feuchtigkeitsaufnahme verhindern; deshalb muß man, wenn man erst damit angefangen hat, weitermachen. Ich persönlich halte ein Fußbad für das beste. Natürlich ist es unter Umständen schwierig, die Pferde daran zu gewöhnen, mit jedem Fuß in einem Kübel mit Wasser zu stehen, aber mit Geduld lernt fast jedes Pferd auch das. Am einfachsten ist es natürlich, wenn man das Pferd in einer Boxe oder einem Anbindestall anbinden kann. Trockene Hufe werden schneller abgenützt, besonders wenn das Pferd ohne Eisen geht.

Ein Schnitt quer über die Hufspitze macht Platz für das Eisen auf dem gereinigten Huf (links).
Das Eisen wird dem Huf angepaßt (rechts).

Die Form des Hufes hat eine große Bedeutung

Der Huf wächst immer, wenn auch unterschiedlich schnell. Das ist neben der Form des Hufes entscheidend dafür, wie oft das Pferd zum Schmied muß. Ein Huf mit guter Form behält die Eisen länger. Weil das Beschlagen des Pferdes teuer ist, muß man beim Pferdekauf auf die Hufform achten. Ein Pferd mit flachen Hufen muß unter Umständen doppelt so oft zum Schmied wie eines mit guten Hufen.

Muß das Pferd beschlagen werden?

Ob das Pferd Eisen braucht, ist abhängig davon, wie das Pferd gebraucht wird. Wenn man immer auf weichem Boden reitet (was man wenn möglich tun soll, um die Beine des Pferdes zu schonen), kann man vielleicht die Eisen sparen. Muß man aber oft auf Kiesstraßen reiten, dann ist das nicht der Fall. Auch wenn das Pferd auf Asphaltstraßen gern ohne Eisen geht, wird es dies auf

Wenn es paßt, wird es festgenagelt. Die Nägel werden auf der Vorderseite gebogen . . .

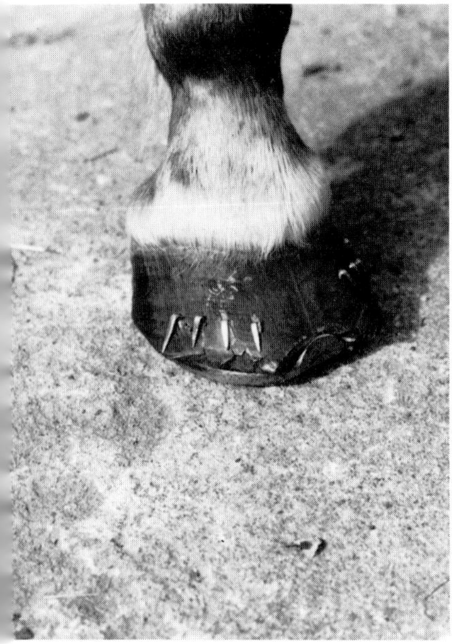
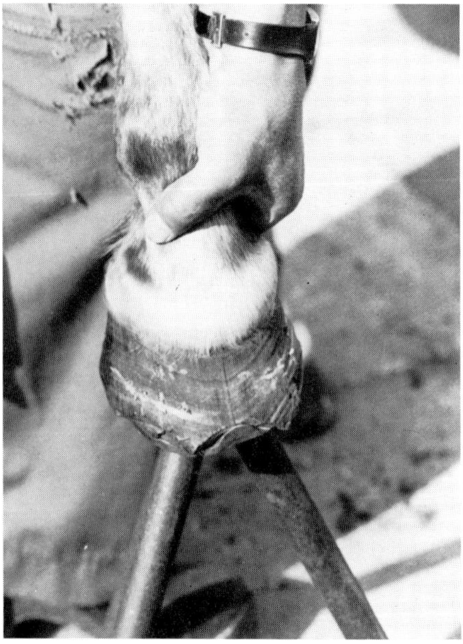

. . . und sitzen jetzt in einer schönen Reihe (links).
Die abgeschnittenen Nägel werden umgenietet, und der Rand des Hufes wird gefeilt . . . (rechts).

... und ist jetzt für viele Wochen Arbeit bereit (links).
Dieses Fjordpferd ist sichtbar gut gepflegt, und der Arbeitswille ist auch entsprechend groß (rechts).

Kiesstraßen nicht tun, weil die kleinen Steine auf die Hufsohlen drücken. Man soll aber beim Reiten oder Fahren auf Asphaltstraßen mindestens immer Eisen auf den Vorderhufen haben. Der Beschlag ist täglich zu kontrollieren und das Pferd gleich zum Schmied zu bringen, wenn es nötig ist. Vor dem Ausreiten oder Ausfahren ist die Kontrolle besonders wichtig, weil das Pferd ein Stück von der Hufwand mitabreißen kann, wenn es ein Eisen verliert. Dann muß das Pferd erstens lahmend nach Hause gehen, und zweitens kann man das Pferd vielleicht nicht gleich wieder beschlagen.

Wir können mit der Hufpflege nicht gründlich genug sein

Ein Pferd richtig zu beschlagen ist ein Handwerk, das nur ein Fachmann ausführen sollte. Es ist vielleicht etwas teuer, aber schließlich kommt es teurer zu stehen und kostet Schmerz und

Ärger, wenn man ein Pferd im Stall hat, das nicht brauchbar ist, nur weil man den Fachmann nicht bezahlen wollte. Und wenn gute Beschneidung die Fehler bei Jungpferden korrigieren kann, wie wir gesehen haben, kann schlechte und falsche Beschneidung das Gegenteil bewirken.
Pferdekenner behaupten, daß Besitzer von Fjordpferden die Hufe ihrer Pferde nicht genug pflegen. Das ist schon möglich. Weil das Pferd in mancher Hinsicht so anspruchslos ist, vernachlässigen viele Leute die ganz elementaren Ansprüche. Eine gute Hufpflege ist aber für das Pferd außerordentlich wichtig. (Zum Thema «Hufpflege» gibt es ein ausgezeichnetes Buch von Fritz *Rödder:* «Ohne Huf – kein Pferd».)

Die Fjordpferde lieben das Leben im Freien. Wegen Schnee müssen sie nicht im Stall behalten werden.

Impfung

Normalerweise wird gegen Starrkrampf (Tetanus) und Grippe geimpft. Heute wird bei fast jeder Tierschau oder Turnier eine Grippeimpfung verlangt. Es ist aber sehr ratsam, das Pferd auch gegen Starrkrampf zu impfen, weil ein starrkrampfinfiziertes Pferd zumeist verloren ist. Beide Impfungen sollen im ersten Jahr zweimal, im Abstand eines Monats, gemacht und nachher jedes Jahr einmal wiederholt werden. Der Tierarzt trägt jede Impfung in dem Impfpaß ein, der bei jedem Turnier oder Tierschau gezeigt werden muß.

Wurmmittel

Jedes Jahr soll man den Pferden mehrmals ein Wurmmittel verabreichen, zum Beispiel im Frühling, Spätsommer und Anfang Winter. Weil die Menge der Würmer ungefähr Anfang August am größten ist, ist es ratsam, um diese Zeit ein Wurmmittel zu geben und gleichzeitig die Weide zu wechseln. Im November/Dezember muß man ein bestimmtes Mittel gegen Dassellarven geben. Wenn solche Parasiten in großen Mengen im Pferd sind und nicht bekämpft werden, kann dies besonders bei Jungpferden zu großen Schäden führen. Es gibt verschiedene Mittel gegen diese Parasiten; die richtige Wahl sollte man dem Tierarzt überlassen.

Bewegung und frische Luft

Das Fjordpferd ist sehr widerstandsfähig gegen Krankheiten, aber muß natürlich gut behandelt werden, um gesund zu bleiben.
Wenn man das Pferd langsam und vernünftig an seine Lebensverhältnisse gewöhnt, kann es bestens auf schneebedeckten Weiden, aber auch in warmen Stallungen leben.
Es versteht sich, daß man ein Pferd nicht aus dem warmen Stall nehmen und bei sehr wechselhaftem Wetter rauslassen kann, ohne

daß es sich erkältet. Ebensowenig kann man ein Pferd mit dickem Winterfell in eine warme Stallung stellen, nur weil es zu schneien anfängt. Dieses Pferd muß man an einem kalten Ort ohne Zugluft einstallen.

Wenn man das Pferd scheren läßt, um es in die Stallung stellen zu können, muß es natürlich den ganzen Winter dort bleiben. Aber am besten behandelt man das Fjordpferd wie ein Naturpony, da es ja auch ein solches ist. Wenn man es verhätschelt, wird es anfällig. Von Natur aus ist das Pferd nicht dazu geschaffen, um in einer Stallung zu stehen. Je mehr Licht, Luft, Bewegung und Freiheit wir ihm anbieten, desto widerstandsfähiger wird es.

Krankheiten

Überfüttern

Die einzige beim Fjordpferd übliche Krankheit ist Fettleibigkeit, durch Überfüttern verursacht; oft ist Hufrehe die Folge. Diese Leiden sollten wir vermeiden können, wenn wir unsere Ponys nach Anspruch und nicht nach Appetit füttern, denn Ponys sind von Natur aus gefräßig. Diese Pferdetypen haben überall auf den schlechtesten Weiden überlebt.
Im Sommer soll man die Pferde nicht auf großen Grasarealen weiden lassen, da das Pferd sonst «vom Frühling bis zum Herbst» nicht den Kopf vom Boden aufheben wird. Auf guten Weiden soll das Pferd nicht mehr als ein paar Stunden pro Tag sein. Die übrige Zeit verbringt es in einem kleinen Auslauf oder im Viereck oder steht eventuell im Stall. Es ist sehr schwierig, das Pferd wieder in Fasson zu bringen, wenn es erst einmal richtig dick geworden ist.

Hufrehe

Die Ursache der Hufrehe ist im allgemeinen Überfütterung. Hufrehe ist ein Entzündungszustand, primär in den Vorderhufen, der für das Pferd sehr schmerzhaft ist. Ein Pferd, das stark davon befallen ist, kann sich fast nicht bewegen. Das kranke Pferd braucht sofort den Tierarzt. Wenn die Krankheit nicht gleich unter Kontrolle kommt, wird das Pferd nachher oft nicht mehr brauchbar sein. Die Krankheit kann auch von zu plötzlichen Futterwechseln, verdorbenem Futter, nach Nachgeburtsverhaltung oder langen Transporten herrühren. Im fortgeschrittenen Stadium kommt es zur Hufbeinsenkung, die meist irreparabel ist.

Am gesündesten sind die Pferde, die das ganze Jahr draußen sind. Sie können bis Anfang Winter grasen, sollten aber das Gras immer nur in kleinen Mengen haben. Am besten läßt man die Pferde bloß auf ein kleines Stück Land gehen und gibt ihnen erst ein neues Stück Weide, wenn alles abgegrast ist.

Kolik

Kolik ist eine Bezeichnung für Schmerzen im Bauchbereich und kann als Ursache verschiedene Magen- und Darmstörungen haben. Die Ursache der Kolik ist nicht immer einfach zu bestimmen; es gibt viele mögliche Ursachen, etwa: Überfütterung, zu plötzliche Futterwechsel, verdorbenes Futter, trockenes Futter (da dieses vom Wasser im Verdauungssystem aufschwellt) oder zu kaltes Wasser (besonders gefährlich, wenn das Pferd vom Arbeiten warm ist). Das Pferd will sich immer hinlegen, wird unruhig und will nach seinem Bauch schnappen oder sich wälzen, wenn die Schmerzen stärker werden. Man muß bei Kolik sofort den Tierarzt rufen, weil das Pferd in Lebensgefahr ist und außerdem sehr starke Schmerzen leidet.

Vergiftungen

Besonders wenn man das Pferd in der Nähe vom Haus hält, muß man auf giftige Pflanzen achten. Man darf das Pferd nie im Kulturgarten grasen lassen, weil sich dort Knollengewächse im Gras verstecken könnten. Einige der giftigen Pflanzen sind Schneeglöckchen, Maiglöckchen, Eibe, Ginster, Herbstzeitlose, Goldregen, Akazien, Rhododendron. Einige können in nur kleinen Mengen zum Tod führen.
Das kurzgeschnittene Gras vom Garten ist auch für Pferde (und andere Tiere) sehr gefährlich und sollte nie als Futter verwendet werden. Es kann zu Kolik führen.

Brot und Plastiksäcke

Mit beidem muß man aufpassen. Vor dem Füttern sollte man jedes Stück Brot anschauen, da die Pferde kein schimmeliges Brot bekommen dürfen. Man soll dem Pferd auch nur trockenes Brot geben. Den Plastiksack, in dem man das Brot mitgebracht hat, darf man ja nicht in der Krippe liegen lassen. Frißt das Pferd ihn, kann dies nämlich zu seinem Tod führen.

Füttern

Der Beleibtheit entsprechend füttern

Fjordpferde sind in der Fütterung anspruchslos. Das ist der Grund, warum gerade Fjordpferde oft überfüttert werden. Fette Pferde sind durch Hufrehe gefährdet und leistungsschwach. Es wurden wahrscheinlich mehr Fjordpferde überfüttert als unzureichend ernährt. Man muß die letzten Rippen fühlen, aber nicht sehen können.
Es ist am besten für das Pferd und zugleich am rentabelsten für den Besitzer, wenn das Pferd so lange wie möglich auf die Weide gehen kann. Man kann das Pferd natürlich auch im Stall füttern, dies ist aber teurer als Weidegang. Erlaubt es das Wetter und die Grasnarbenbelastung, können Fjordpferde ganzjährig grasen. Im Herbst und Winter ist der Vitamingehalt des Grases nicht mehr so groß, aber das Pferd kann das Gras immer noch ausnützen. Man sieht dem Pferd an, ob es notwendig ist, ihm im Stall etwas Zusatzfutter zu geben. Falls man die Möglichkeit hat, läßt man die Pferde am besten den ganzen Herbst und Winter durch tagsüber auf einer guten Weide und holt sie nachts in den Stall rein. In diesem Fall kann man morgens und abends im Stall füttern.

Die Verdauung des Pferdes ist empfindlich

Von Natur aus ist das Pferd für viele Stunden Weidegang pro Tag angelegt und soll öfter und in kleinen Portionen gefüttert werden. Es darf nicht mehr als zwei bis drei Kilo Kraftfutter pro Mahlzeit erhalten und ist gleichzeitig sehr empfindlich auf die Art und

Gibt es was?

Es ist schwierig, alles zu kriegen!

Qualität des Futters. Plötzliche Futterumstellungen oder schlechtes Futter können zu Verdauungsstörungen führen. Man muß darauf achten, daß das Futter frisch ist und trocken aufbewahrt wird. Schimmeliges Futter ist für das Pferd Gift. Feingemahlenes, trockenes Futter kann auch Probleme verursachen, weil es zu Verstopfung führen kann. Das Pferd darf auch keine schmutzigen Rüben oder Mohrrüben aufnehmen, da diese, wie alle hier erwähnten Ursachen, zu Kolik führen können. Man sollte auch kein schlechtes Stroh verwenden, obwohl viele Pferde das gern fressen; aber es kann auch zu Kolik führen. Trächtige Stuten reagieren besonders empfindlich auf schlechtes Futter: die Gefahr, daß sie verwerfen, ist dann sehr groß.
Mit Futterwechsel soll man sehr vorsichtig sein. Wenn man einen neuen Sack Futter kauft, empfiehlt es sich, immer am Anfang vom alten Futter unterzumischen, auch wenn es derselbe Typ von Futter ist. So wird der Übergang etwas leichter.
Die Tagesrationen sollen über mindestens drei Mahlzeiten verteilt werden. Futterstroh ist für die Nachtfütterung sehr geeignet, weil die Pferde das langsam fressen können. Das Pferd braucht viel Zeit, um zu verdauen, und darf nie früher als eine halbe Stunde nach der Fütterung beansprucht werden.

Wasser

Der Wasserverbrauch ist für jedes Pferd unterschiedlich und von mehreren Faktoren abhängig. Der Arbeitseinsatz des Pferdes, die Umgebungstemperatur und die Art des Futters bestimmen die Wasseraufnahme. Ein Pferd soll mindestens dreimal pro Tag Wasser haben und es muß frisch und mindestens acht Grad sein und immer in sauberen Behältern verabreicht werden. Automatische Wasseranlagen müssen jeden Tag gereinigt werden. Das Pferd soll immer vor dem Fressen die Möglichkeit haben zu trinken.
Wenn das Pferd nach der Arbeit warm ist, darf es nicht zu schnell

trinken. Das kann man vermeiden, indem man das Pferd entweder mit Trense trinken läßt oder etwas Heu auf das Wasser legt. Erst wenn das Pferd normal atmet, darf es nach freier Lust trinken.

Das Grasen

Ein Fjordpferd benötigt täglich ungefähr 35 Kilo Gras (entspricht ungefähr 5 F. E.); das ist von der Qualität des Grases abhängig. Wenn das Gras sehr kleehaltig ist, muß man Phosphor zugeben, weil Klee sehr viel Kalzium enthält. Eine halbe Hektare Weide pro Pferd sollte für den Weidegang im Sommer genügen; zusätzlich gibt man ein bißchen Heu oder eine Winterweide.
Man kann die Weide am besten ausnützen, wenn man den Pferden nicht die ganze Weide zur Verfügung stellt, sondern diese in Portionsweiden unterteilt. Wenn das Gras ungefähr bis auf einen Zentimeter Länge abgefressen ist, soll man den Pferden ein neues Stück Weide geben. Stehen die Pferde zu lange auf einer Weide, wird zu viel gefressen, und das Gras wächst dann nicht so schnell wieder nach. Pferde fressen das Gras bis auf die Wurzeln und oft mit den Wurzeln ab. Dies zerstört die Grasnarbe und kann durch Aufnahme von Erde und Sand eine Kolik hervorrufen.
Man muß vorsichtig sein, wenn man die Pferde auf eine neue Weide läßt. Am besten füttert man sie vorher mit Stroh, damit sie nicht zuviel fressen. Nach ein bis eineinhalb Stunden auf der Weide kann man die Pferde ruhig eine Zeitlang mit etwas Strohfutter im Stall stehen lassen. Nachher können sie dann wieder auf die Weide gelassen werden. Speziell vorsichtig muß man sein, wenn die Wiese besonders reichhaltig ist, zum Beispiel mit viel Klee durchsetzt, oder wenn das Gras naß ist. Kolik oder Hufrehe können die Folge sein. Wenn sich das Pferd nach zwei bis drei Tagen daran gewöhnt hat, ist die Gefahr viel geringer.

Die gewöhnlichsten Futtermittel für Pferde

Heu:
ist immer noch das geeignete ballastreiche Futter für Pferde. Gutes Heu ist aus mehreren Gründen als Pferdefutter geeignet. Es hat einen verhältnismäßig hohen Gehalt an Eiweiß, Vitaminen und Mineralstoffen und hält, richtig aufbewahrt, sehr lange. Das Pferd ist mit dem Rauhfutter beschäftigt, vollführt die nötige Anzahl Kauschläge und nimmt genügend Rohfaser auf. Es ist wichtig, immer die Schnüre von Heu- und Strohballen zu entfernen, weil es für das Pferd gefährlich ist, diese zu fressen oder sich in ihnen zu verfangen. Schlechtes oder schimmeliges Heu ist nicht als Pferdefutter geeignet, es verursacht Magen-Darmstörungen und fördert die Neigung zu Erkrankungen der Atemwege oder verschärft bestehende Luftweginfekte.

Stroh:
Stroh ist sehr gutes «Ballastfutter», besonders für ausgewachsene Pferde, aber der Eiweißgehalt ist nicht sehr groß, und deshalb ist Stroh als Futter für Jungpferde wenig geeignet. Wenn man nicht genug Heu hat, kann man etwas gutes Stroh dazugeben. Erwachsene Pferde können sehr viel Stroh fressen.

Getreideprodukte:
Gerste und Hafer haben einen sehr hohen Eiweißgehalt und sollten darum mengenmäßig nur einen kleinen Teil des Futters des Fjordpferdes ausmachen. Das Pferd kann die Nahrung besser ausnutzen, wenn das Getreide gequetscht ist. Feingemahlenes Getreide ist nicht gut, weil es zu Verstopfung führen kann. Getreide hat einen sehr hohen Phosphorgehalt, und deshalb ist Kalziumzusatz notwendig.

Kraftfutter:
Kraftfutter ist die Bezeichnung für die verschiedenen Mischungen, die es beim Futterhändler gibt. Auf der Futterbeschreibung

sieht man, wieviel Roheiweiß, Vitamine und Mineralstoffe das Produkt enthält. Wenn man den Gehalt vom Roheiweiß mit dem in der Futteranleitung beschriebenen verdaulichen Roheiweiß vergleichen will, muß man ungefähr 25 Prozent abziehen. Das Kraftfutter besteht aus sehr eiweißhaltigen Produkten; es versorgt das Pferd mit Wachstumsstoffen, Vitaminen und Mineralstoffen. In der Menge soll es aber nur einen kleinen Teil des Futters ausmachen. Es lohnt sich, die Futterbeschreibung auf Pferde-, Kuh- und Schweinefutter zu studieren, weil die einen oft viel billiger und genauso brauchbar sind wie die anderen. Nur darf man nicht Futter für Mastschweine benützen.

Hackfrüchte:
Zuckerrüben und andere Rüben, Mohrrüben und Kartoffeln sind leichtverdaulich, aber man darf nie mehr als vier bis fünf Kilo pro Tag geben. Mohrrüben haben einen etwas größeren Mineralgehalt, aber sonst ist die Futterqualität etwa dieselbe wie bei diesen verschiedenen Hackfrüchten. Wie vorher erwähnt, darf man nur Hackfrüchte in völlig sauberem Zustand geben. Jungpferde, die im Zahnwechsel sind, haben unter Umständen etwas Mühe, die Früchte zu kauen. In diesem Fall kann man sie in kleine Stücke schneiden.

Die Zusammensetzung des Futters

Man kann das Futter seines Pferdes sehr individuell zusammensetzen, was ein großer Vorteil ist. Deshalb bringt es nichts, eine endgültige Liste abzugeben, wieviele Kilo Heu und wieviele Kilo Kraftfutter man dem Pferd täglich geben soll. Das ist auch von der Jahreszeit und den Preisverhältnissen abhängig.
Wenn man den Nahrungswert eines Futterproduktes beurteilen will, muß man herausfinden, wieviele Kilo vom Produkt man nehmen muß, um 1 F. E. zu haben. 1 F. E. entspricht dem Wert von 1 kg Gerste. Der Nährwert des Produktes ist aber vom Eiweißgehalt abhängig; dies sind die Werte für die wichtigsten Futtermittel:

	kg für 1 F. E.	g verdauliches Eiweiß/F. E.
Gras	5,5–6,0	120
Heu	2,3	100–150
Zuckerrüben	5,5	40
Mohrrüben	8,5	50
Kartoffeln	4,0	28
Weizen	1,0	109
Hafer	1,2	119
Gerste	1,0	100
Gerstenstroh	3,9	25

Wenn ein erwachsenes Fjordpferd im Erhaltungsfutter 4,5 F. E. pro Tag benötigt und mit Heu, Zuckerrüben und gequetschter Gerste gefüttert werden muß, könnte der Futterplan folgendermaßen aussehen:

		g verdautes Roheiweiß
5,5 kg Zuckerrüben	= 1 F. E.	40
1 kg gequetschte Gerste	= 1 F. E.	100
6 kg Heu	= 2,6 F. E.	338
	4,6 F. E.	478

Futterpläne sind kompliziert – die Naturmethode hingegen ist immer noch einfach!

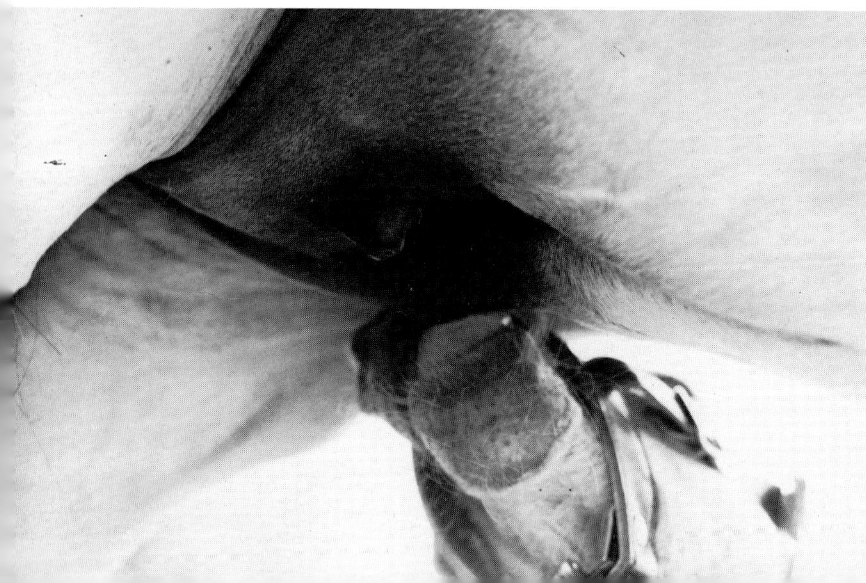

Die gewünschte Zahl 4,5 ist fast erreicht, aber man muß immer damit rechnen, daß die Nahrungswerte von Gras und Heu sehr variabel sind, abhängig von der Jahreszeit usw. Daher bieten solche Anleitungen immer nur Anhaltspunkte und sind nicht genau zu befolgen.

Viamin- und Mineralbedürfnis pro Tag:

	Kal- zium g	Phos- phor g	Salz g	Vit. A I. E.	Vit. D I. E.	Vit. E mg
Jungpferde	25	20	15	20000	3000	90
Erwachsene Pferde	20	15	20	15000	2200	180
Trächtige Stuten	50	30	20	40000	6000	360

(Trächtige Stuten sind Stuten in der letzten Hälfte der Trächtigkeit und milchgebende Stuten.)

Hier ist eine Stute (142 cm groß) mit ihrem sechs Monate alten Hengstfohlen. In diesem Alter nehmen die Fohlen ungefähr ein Kilo pro Tag zu. Aus diesem Grund brauchen beide, die Stute und das Fohlen, etwas zusätzliches und auch gutes Futter.

Neben der Zugabe von Vitamin-/Mineral-/Spurenelementpräparaten ist eine abwechslungsreiche Fütterung das beste. Wenn man mit vielen verschiedenen Futtermitteln füttert, ist die Wahrscheinlichkeit, daß das Pferd genug von allem erhält, viel größer. Das Pferd soll immer Zugang zum Leckstein haben, weil das Salzbedürfnis sehr stark variieren kann.

Die Fütterung des Jungpferdes

Das Jungpferd braucht sehr viele Vitamine und viel Eiweiß zu seiner optimalen Entwicklung und soll darum nicht zuviel Rauhfutter (Stroh, Rüben und Heu von schlechtem Nährwert) bekommen. Gutes Heu ist das beste Pferdefutter, aber man soll nicht nur Heu geben. Wieviel und in welchen Mengenverhältissen gefüttert werden soll, will ich mit einigen Versuchsergebnissen darlegen.

Norwegisches Fütterungsexperiment mit Fjordpferden
In der Zeit von 1962 bis 1965 hat man auf der Landwirtschaftsschule im norwegischen Stend ein Fütterungsexperiment durchgeführt und dazu vier Fjordpferdefohlen, zwei Hengste und zwei Stuten eingekauft. Die Fohlen waren reingezüchtete, registrierte und vom Gebäude schöne und typische Fjordpferde. Die zwei Hengste wurden einjährig kastriert. Das Experiment wurde sehr genau kontrolliert und das übriggelassene Futter gewogen und in der Schlußabrechnung mitgerechnet. Man hat nach folgendem Plan füttern wollen:

Pro Pferd und Tag

1. Winter	3,2–4,2 F. E., mit	120 g verdaulichem Eiweiß/F. E.
2. Winter	5,0–5,5 F. E., mit	100 g verdaulichem Eiweiß/F. E.
3. Winter	5,5–6,0 F. E., mit	90 g verdaulichem Eiweiß/F. E.

Das stimmt genau mit den dänischen Anleitungen für Pferde dieser Größe überein.
Man hat aber schnell herausgefunden, daß es nicht nötig war, soviel zu füttern im Winter. Der Zuwachs, den die Pferde im Winter nicht erreicht hatten, haben sie im folgenden Sommer nachgeholt. Die Pferde wurden täglich dreimal mit gutem Heu und Kraftfutter gefüttert. Das Kraftfutter war eine Mischung von je einem Drittel Trabpferdefutter, Rinderkraftfutter und Hafer. Die Tagesbedarfsmenge orientierte sich an den Bedürfnissen des am wenigsten fressenden Pferdes. Neben dem Futter erhielten die Pferde täglich zwanzig Gramm Mineralzusatz.
Die durchschnittliche Futteraufnahme der Pferde war:

	Die ganze Periode			Futterverbrauch/Tag			
	Heu kg	Kraftfutter kg	Total F. E.	Heu kg	Kraftfutter kg	F. E.	verdaul. Roheiw. g
1. Winter	795	279	646	3,9	1,4	3,1	416
1. Sommer			826			5,8	
2. Winter	1468	230	915	6,8	1,1	4,2	422
2. Sommer			1016			6,9	
3. Winter	1552	233	952	7,5	1,1	4,6	655
Total	3815	742	4355				

Die Pferde nahmen überraschenderweise täglich fast 1 F. E. weniger auf als das vermutete Mindestmaß. Das Heu war im 3. Winter besonders gut, was den hohen Eiweißwert erklärt.
Am Ende des Experimentes, am 25. April 1965, hatten die Pferde ein Durchschnittsgewicht von 453 Kilo und waren im Stockmaß 135, 142, 142 und 134 Zentimeter groß, was für die Rasse eine normale Durchschnittsgröße darstellt.

Ein deutsches Experiment
In Deutschland machte man von 1958 bis 1961 mit Fjordpferden ebenfalls Futterexperimente. Im Sommer waren alle Pferde auf einer großen Weide, im Winter aber waren die Pferde in zwei Gruppen eingeteilt. Die eine Gruppe wurde normal gefüttert, während die andere Gruppe reduzierte Futtermengen erhielt. Im 1. Winter haben sie 79 Prozent der normalen Ration, im 2. Winter 52 Prozent und im 3. Winter 65 Prozent gekriegt. Auch der Eiweißgehalt wurde reduziert. Natürlicherweise waren die Pferde der Gruppe, die wenig Futter kriegte, in der Experimentierzeit kleiner als diejenigen, die normal gefüttert wurden, aber jeden Sommer haben die kleineren die anderen wieder eingeholt. Am Ende des Experimentes waren keine eigentlichen Unterschiede zwischen den zwei Gruppen festzustellen, weder in Größe noch in Gewicht oder im Handelswert.

Die alte Wahrheit bestätigt
Diese zwei Experimente bestätigen die praktische Erfahrung mit Fjordpferden: Man soll die Pferde nicht zu viel und teuer füttern. Wenn sie auf gute Sommerweiden kommen, können sie mit weniger und weniger reichhaltigem Winterfutter durchkommen. Einmal mehr ist die Genügsamkeit dieser Rasse bestätigt worden.

Die Fütterung des erwachsenen Pferdes

Ein erwachsenes Pferd braucht täglich 4–5,5 F. E. Erhaltungsfutter, wobei dieses einen verdaulichen Eiweißgehalt von 85 g/F. E. haben soll. Hinzu kommen 0,8 F. E. pro Stunde normaler Arbeit. Die Zusammenstellung des Futters und die Nahrungsansprüche eines Pferdes sind bereits behandelt worden.

Die Fütterung der trächtigen und säugenden Stuten

In der letzten Hälfte der Trächtigkeit gibt man täglich 0,5–1,0 F. E. zusätzlich; das Futter soll 100–150 g verdauliches Eiweiß/F. E. enthalten. Angaben über Vitamin- und Mineralbedürfnisse sind auf Seite 99 nachzulesen.
Aber auch bei trächtigen Stuten gibt es keinen Grund zur Überfütterung. Wenn sie auf den Rippen Fett ansetzen, dann muß man ihnen weniger F. E./Tag geben, aber aufpassen, daß sie genug Eiweiß erhalten. Nur ihr Aussehen und ihre Leistungsfähigkeit können uns genau über ihre Bedürfnisse Auskunft geben.
Die säugende Stute hat aber ein Bedürfnis von zusätzlich 4–5 F. E. pro Tag mit 125 g verdaulichem Eiweiß pro F. E.

Die Fütterung des Fohlens

Das Fohlen nimmt täglich ein Kilo zu und benötigt deshalb nahrhaftes Futter. Die Milchproduktion der Stute nimmt ab drei bis sechs Monaten nach der Geburt ab. Die Pferde brauchen außergewöhnlich gute Weiden, damit die Fohlen nicht ab zwei bis drei Monaten extra gefüttert werden müssen. Wenn das Fohlen drei Monate alt ist, soll es jeden Tag 0,5–1,0 F. E. zusätzlich bekommen, zum Beispiel eine Futtermischung mit 140 g verdaulichem Eiweiß pro Tag. Die Futtermenge muß dann gleichmäßig gesteigert werden bis zum Absetzen mit sechs Monaten; zu diesem Zeitpunkt erhält das Fohlen 3 F. E./Tag Zusatzfutter. Es empfiehlt sich, dem Fohlen im August und im Oktober Wurmmittel zu geben.

Der tägliche Umgang mit dem Pferd

Das in den letzten zwanzig Jahren wachsende Interesse an Pferden ist sehr positiv. Es ist schön, daß junge Leute und Kinder sich von Tieren angezogen fühlen und gleichzeitig miteinander das Pferd genießen. So haben sie Bewegung, frische Luft und Kontakt mit Gleichgesinnten aller Altersstufen. Zudem bleibt das Interesse an Pferden, das sich mit zwölf bis vierzehn Jahren bildet, oft sehr lange erhalten und ist ein Sport und eine Aufgabe, die man mit der ganzen Familie teilen kann.

Wissen und Umsicht verhindern Unfälle

Der Umgang mit Pferden fällt einem nicht in den Schoß. Man kann nicht aus der Stadt kommen und mit den Reaktionen des Pferdes sogleich vertraut sein. Wie gutmütig und vernünftig ein Pferd auch ist, es bleibt ein Steppentier, das sich immer durch Flucht verteidigt. Deshalb ist es von Natur aus gegenüber fremden Dingen wachsam und wird in vielen Situationen ganz anders reagieren, als der Unkundige sich vorstellen kann. Die meisten Leute, die den Umgang mit Pferden lernen wollen, gehen zuerst in eine Reitschule. Sinnvoll wäre es, dort von Anfang an die Grundbegriffe über den Umgang mit Pferden kennenzulernen; aber leider ist dem häufig nicht so. Meist erhält man ein schon gesatteltes und sehr ruhiges Pferd und beginnt sofort mit Reitstunden.

Kenntnis verpflichtet

Mit Pferden umzugehen verstehen ist wichtiger, als reiten zu können. Die meisten Unfälle passieren nicht, weil der Reiter nicht gut genug war, sondern weil er das Risiko in irgendeiner kritischen Situation nicht erkannt hat. Leider haben sehr oft die unerfahrenen und unkundigen Leute die schwerwiegendsten Unfälle. Wenn man unerfahrene Leute zu Pferden mitnimmt, muß man sehr vorsichtig sein. Es gibt verschiedene riskante Situationen, und die wichtigste Sicherheitsregel ist meiner Meinung nach:

Man muß immer vom Pferd wegkommen können

Es ist lebensgefährlich, sich am Pferd festzumachen; man muß immer sofort wieder frei werden können, wenn es notwendig wird. Auf dem Pferd ist es am wichtigsten, daß die Steigbügel in Ordnung sind; das kann man folgendermaßen kontrollieren:

Der Sicherheitsverschluß, an dem der Bügelriemen am Sattel festgemacht ist, muß geschmiert und in Ordnung sein. Fällt man vom Pferd und hängt im Steigbügel fest, muß das Schloß sich öffnen und der Steigbügel sich vom Sattel lösen.

Die Steigbügel sollen groß genug für die Stiefel sein. Hat man nämlich den Fuß in den Steigbügel gedrückt, ist es nicht immer möglich, den Fuß schnell genug wieder herauszubringen.

Man darf nicht mit Schuhwerk reiten, das eine tiefe Sohlenwölbung oder einen unebenen Übergang zwischen Sohle und Sohlenwölbung hat. Der Bügel darf nicht in der Sohlenwölbung festklemmen. Ganz ungeeignet sind Holzschuhe oder Moonboots.

Es gibt Steigbügel, deren Außenbügel durch ein kräftiges Elastikband ersetzt ist, welches automatisch wegspringt, wenn der Fuß darauf drückt. Diese Sicherheitsregel soll helfen zu vermeiden, daß jemand im Steigbügel vom Pferd nachgeschleppt wird. Jeder kann sich vorstellen, wozu dies führen könnte. Es gibt noch eine Sicherheitsregel, die für unerfahrene Reiter besonders wichtig ist

und bei uns immer befolgt wird. Nur Reiter, die sehr sicher im Sattel sind und die vorher erwähnten Regeln befolgen, dürfen außerhalb der Bahn mit Steigbügeln reiten.
Die Zügel dürfen niemals um die Hand gewickelt werden, aus dem obengenannten Grund. Man kann sich bei Bedarf nicht sofort losmachen.

Neben dem Pferd

Wenn man neben dem Pferd ist, muß man auf dieselben Situationen Rücksicht nehmen. Führt man ein Pferd an der Hand, ganz gleich ob im Viereck, im Stall oder auf der Straße, soll man die Ausrüstung in Ordnung haben, damit man das Pferd halten kann. Im Stall oder auf der Weide kann man das Pferd loslassen, wenn man es am Halfter nicht mehr halten kann. An allen verkehrsreichen Orten oder zwischen anderen Tieren und Menschen hingegen muß man das Pferd jederzeit halten können. Darum sollte es an solchen Orten immer mit der Trense geführt werden. Ein Pferd mit einem Halfter halten zu können, erfordert viel Geschick.
Wiederum darf man den Strick nicht um die Hand wickeln. Er darf sich in der Hand einmal kreuzen, so daß er nicht rutschen kann, muß sich aber sofort lösen, wenn man die Hand öffnet. Wird das Pferd plötzlich ängstlich oder übermütig, muß man es loslassen, sonst kann leicht ein Unglück passieren.
Man muß immer mindestens eine Pferdelänge Abstand halten zum vorausgehenden Pferd. Dieses kann wegen ganz unvorhergesehenen Vorkommnissen plötzlich schlagen.

Reitkappe

Eine Reitkappe ist für Pferdefreunde mehr als nur eine Modesache. Sie bietet guten Schutz und soll immer getragen werden, auf der Bahn und auf Straßen. Da die Preisunterschiede sowieso nicht so groß sind, soll man möglichst die beste kaufen.

Reiten ist nur so gefährlich, wie man es selbst zuläßt

Nach dieser Auflistung möglicher Gefahren bekommt man vielleicht den Eindruck, daß Reiten sehr gefährlich sei. Natürlich ist es gefährlich, wenn man durch unumsichtiges und tollkühnes Benehmen das Schicksal geradezu herausfordert. Solches Benehmen ist für den Reitsport auch sehr schädlich. Ich habe bewußt mögliche schlimme Folgen von falschem Verhalten vor Augen geführt, damit man sich daran erinnert und entsprechend handelt. Wie manche andere Sportart ist auch das Reiten bei unsachgemäßem Verhalten kein ungefährlicher Sport, aber ich bin während 25 Jahren geritten – und nicht immer nur zahme Pferde –, und nie ist mir etwas Ernsthaftes passiert. Das gilt auch für meine ganze Familie und alle die Freunde, die bei uns reiten gelernt haben.

Pferdebiß

Ein Pferd kann sowohl beißen als auch schlagen, aber es passiert im allgemeinen nicht sehr oft. Wenn ein Pferd beißt, kann sich dies wiederholen und zu einer Gewohnheit werden, die sich entweder aus einer Unart oder Abwehr gegen schlechte Behandlung entwickelt hat. Normalerweise kennt man diese Gewohnheit des Pferdes und soll fremde Leute immer warnen. Ein altes, internationales Warnzeichen ist, ein paar Strohhalme an der Trense anzubinden. Es ist heute nicht mehr so bekannt, bedeutet aber: «Abstand halten!» Ein paar Strohhalme am Geschirr in der Nähe der Hinterbeine eines eingespannten Pferdes bedeuten, daß es schlägt. Ein rotes Band im Schweif des Reitpferdes hat dieselbe Bedeutung.

So soll es aussehen: keiner ohne Reitkappe.

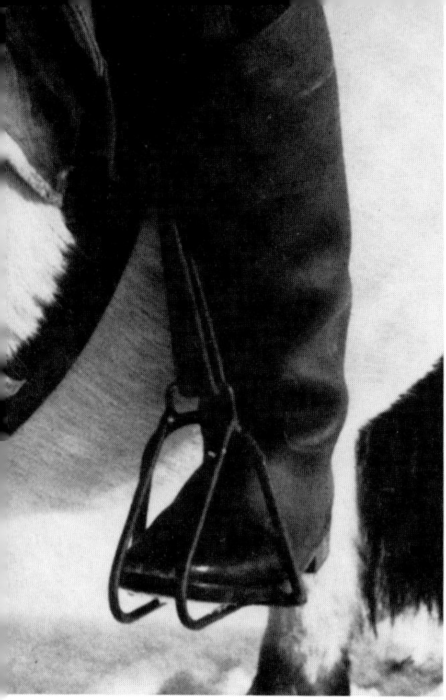

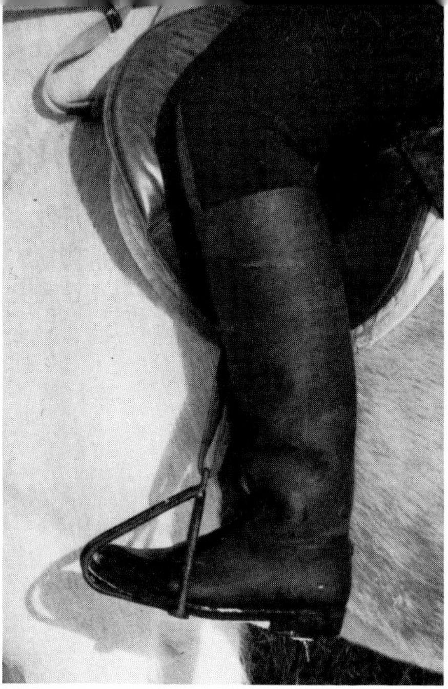

Dieser Fuß bleibt schön im Steigbügel, ohne nach vorne zu rutschen. Der Steigbügel ist selbstgemacht, darf aber kopiert werden.

Fängt ein Pferd zu knabbern oder beißen an, muß man es bestrafen. Am besten ist, es hart zu schlagen, gerade wenn es beißt; sonst darf man es nicht schlagen. Aber man muß auch die Ursache finden, warum das Pferd plötzlich zu beißen anfängt. Es können Unruhe oder veränderte Verhältnisse im Stall sein. In diesem Fall muß man die Verhältnisse sofort ändern, so daß alles wieder ruhig wird; ansonsten muß man das Pferd im Stall verstellen. Es kann auch sein, daß irgend etwas mit dem Geschirr oder dem Sattel nicht in Ordnung ist oder das Pferd eine Wunde hat, die nicht entdeckt und gepflegt worden ist. Unter solchen Verhältnissen ist es klar, daß das Pferd mit Beißen reagiert.
Unkontrolliertes Füttern von Brot oder Zucker am Zaun durch Fremde hat auch schon vielen Pferden Schnappen und Beißen beigebracht. Aber darf das Pferd ohne Bestrafung solche Unarten ausleben, werden diese zu schlechten Gewohnheiten, die man fast nicht wieder wegkriegt.

Es ist nicht selten, daß Fjordpferde sehr alt werden. Hier eine 25-jährige Stute.

Schlagen

Es ist schwierig zu wissen, wann und warum ein Pferd schlägt. Vielleicht geschieht es nur aus Leichtfertigkeit oder ist gegen ein anderes Pferd gerichtet. Stehen wir dann dazwischen, ist es unsere Schuld. Trotzdem soll man die Pferde in solchen Situationen sofort bestrafen, weil sie lernen müssen, daß wir ein solches Verhalten nicht tolerieren. Es gibt ganz elementare Sicherheitsmaßnahmen, die wir treffen müssen, um nicht einen Huftritt an den Kopf oder in den Bauch zu bekommen.
Wenn man in eine Herde hineingeht, muß man sehr vorsichtig sein. Die Pferde in der Herde haben eine bestimmte Ordnung, die immer wieder bestätigt werden muß. Wenn wir kommen, wollen alle Pferde zu uns (und unserem Brot) herankommen, und dabei werden immer wieder ein paar Pferde miteinander in Streit geraten. Aus diesem Grund sollen unerfahrene Leute nie in eine fremde Herde gehen. Das Pferd ist von Natur aus ein ängstliches Tier, und neben dem Fliehen ist der Hinterhuf die beste Verteidigung. *Darum soll man das Pferd immer auf seine Anwesenheit*

aufmerksam machen, wenn man von hinten kommt. Weiß das Pferd nicht, wo man ist, und bemerkt plötzlich etwas hinter sich, kann es aus Angst schlagen. Um auf sich aufmerksam zu machen, kann man es entweder ansprechen oder ihm eine Hand auf die eine Seite der Kruppe legen.
Im allgemeinen soll man nicht zu nahe an die Hinterhand des Pferdes gehen, weil es besser ist, außer Reichweite zu sein, wenn plötzlich etwas das Pferd erschreckt. Muß man aber an den Beinen oder dem Schweif arbeiten, soll man immer sehr nahe und an der Seite stehen, weil man so nahe am Pferd nur weggedrückt wird bei einem Schlag und nicht so hart getroffen.

Das Fjordpferd ist friedlich

Glücklicherweise sind Beißen und Schlagen heute nicht mehr ein großes Problem. Pferde mit solchen Gewohnheiten trifft man selten. Das Fjordpferd ist diesbezüglich sehr zuverlässig, und ich habe nur in ganz besonderen Fällen anderes erlebt. Es ist ganz klar, daß ein Pferd, welches schlecht behandelt wird, sich so verteidigt. Aber auch verwöhnte Fjordpferdefreunde müssen mit anderen Rassen umgehen können. Zur Pferdepsychologie und -ethologie gibt es hervorragende Literatur. Speziell empfehlen kann ich die Bücher von *Henry Blake:* «Versteh dein Pferd», «Mit Pferden denken – Pferde lenken», «So lernt dein Pferd».

Hier ist keine Unart erkennbar. Ein gut ausgebildetes Reitpony zeigt, was eine Grundausbildung und weitergehende Dressur bewirken können.

Die Erziehung und das Training des Jungpferdes

Das Fjordpferd ist, wie gesagt, stärker, ökonomischer und dauerhafter als alle anderen Pferderassen, vorausgesetzt natürlich, daß es ein gutes Wachstum hatte. Es muß auch als Jungpferd gut gepflegt und nie überbelastet worden sein.

Das Fjordpferd nicht zu früh reiten

Ponyrassen sind im allgemeinen später ausgewachsen als Warmblutpferde. Vor fünfzig oder hundert Jahren war das Fjordpferd der kargen Aufzucht wegen noch später entwickelt als jetzt. Aber auch heute soll das Fjordpferd nicht richtig belastet werden, bevor es vierjährig ist; richtig ausgewachsen ist es erst mit fünf bis sechs Jahren. Es ist verboten, ein zweijähriges Pferd zu reiten. Leider gibt es immer noch Leute, die glauben, daß die Größe eines Tieres ein Indiz für seine Stärke ist. Aber ein großes, zweijähriges Fjordpferd ist nicht stark genug, um bereits geritten zu werden.

Ein zweijähriges Pferd kann mit einem zwölfjährigen Kind verglichen werden und ein dreijähriges mit einem achtzehnjährigen Kind. Mit drei Jahren kann man langsam anfangen das Pferd zu reiten, aber mit Springen soll man warten, bis das Pferd vier Jahre alt ist. Das Fjordpferd wird ohne weiteres 25 Jahre alt. Das aber bedingt, daß das Skelett sich richtig entwickeln kann, bevor das Pferd belastet wird. Warmblutpferde werden oft mit zwei Jahren bereits geritten, aber wenige von diesen Pferden werden älter als acht Jahre.

Die größte Auszeichnung, die ein Pferdebesitzer oder Züchter erhalten kann, ist die, daß seine Pferde alt werden. Zeigt doch dies, daß er die Pferde gut gepflegt und vernünftig gebraucht hat.

Mit dem Jungpferd arbeiten

Ein Jungpferd soll man aber nicht einfach bis drei-, vierjährig im Stall stehen lassen. Das Pferd muß viel lernen. Wenn man früh anfängt und die Arbeit ruhig ausführt, ist das für beide das beste, nicht nur im Hinblick auf das spätere Reiten. Schon als Fohlen kann das Tier etwas vom Alltag lernen, und viele Dinge sind einem Fohlen einfacher beizubringen als einem großen, starken Jungpferd. Als erstes muß das Fohlen lernen, angebunden zu sein. Am Anfang bindet man das Fohlen nur mit der Mutter zusammen, zum Beispiel beim Putzen, an. Auf diese Weise wird sich das Fohlen langsam daran gewöhnen. Wenn die Mutter dabei ruhig bleibt, ist für das Fohlen alles in Ordnung. Man kann dann dem Fohlen gleichzeitig beibringen, daß man die Hufe reinigt, weil auch das später Probleme geben kann. An der Hand geführt zu werden, ist ebenfalls etwas, das ihm viel einfacher mit der Mutter zusammen beigebracht wird.
Beim Anbinden muß man die ersten paar Male gut aufpassen, daß nichts passiert. Es ist immer vernünftig, das Fohlen an einem dünnen Strick anzubinden, der notfalls reißt, oder an einem Panikhaken, da es sonst Schaden nehmen kann, wenn es Panik kriegen sollte.

Longieren

Ein zwei- bis dreijähriges Jungpferd ist zur Longenarbeit bereit. Es lernt dann gezäumt zu werden und man kann ihm die Kommandos für Trab, Galopp und Halten schnell beibringen. Das Pferd lernt das befolgen, was wir von ihm verlangen, und wird natürlich dafür belohnt. Man darf ein Jungpferd nur mit Kapzaum und nicht mit Trense longieren. Die Zweijährigen sollen nur kurz longiert werden.

Um Probleme zu vermeiden, soll man das Fohlen an Putzen und Hufreinigung gewöhnen.

Das Pferd an die Trense gewöhnen

In der Erziehung und im Training von Pferden ist die Trense die größte Umstellung. Wir erwarten viel vom jungen Pferd. Wir stecken ein Stück Eisen in das Maul des Pferdes; und zwar genauso, daß das Pferd es nicht loswerden kann, und erwarten dann auch, daß das Pferd dies akzeptiert und sich damit führen läßt. Das sind hohe Ansprüche. Darum ist es auch empfehlenswert, das Pferd früh daran zu gewöhnen, und nicht gleichzeitig mit Satteln und Reiten.
Am einfachsten gewöhnt man das Pferd an die Trense, indem man das Jungpferd stets an der Trense führt, wenn man es auf die Weide bringt oder zurück in den Stall führt. Das Jungpferd ist dann nur für ungefähr fünf Minuten gezäumt und läßt sich in dieser Zeit nicht von der Trense irritieren. Dazu kommt, daß das Pferd die Trense in Verbindung mit gewohnten, angenehmen Erlebnissen bringt.

Einfahren

Junge Pferde können, ohne Schaden zu nehmen, im Alter von zwei Jahren leicht eingefahren werden. Das Pferd darf natürlich nicht hart arbeiten, kann aber in ebenem Gelände problemlos einen Sulky ziehen. Man beginnt im Stall bei der ruhigen Futteraufnahme, das Geschirr anzulegen, und läßt das Pferd eine Weile so stehen. Das wird in ein paar Tagen wiederholt. Darauf kann man mit dem Pferd ins Viereck oder eine andere eingezäunte Bahn gehen. Bei diesen ersten Versuchen sollten immer zwei Personen anwesend sein, von denen mindestens eine Erfahrung mit dem Einfahren junger Pferde haben muß.
Ein eineinhalbjähriges Fjordpferd hat nicht mehr Kraft als zwei Männer, die das Pferd sachgerecht halten könnten, falls Probleme auftreten sollten. Wenn man sehr ruhig und langsam arbeitet, eine Person als Leinenführer und die andere am Kopf des Pferdes, kann man das Pferd ohne Risiko an eine leichte Egge und später

einen leichten Sulky gewöhnen. Ein Pferd, das früh und sachgerecht eingefahren ist, wird das nie verlernen. Nicht umsonst sind Gespanneignungsprüfungen in vielen Pferdezuchten gute Prüfsteine für den Charakter von Hauptanwärtern.

Jungpferde fressen Leder

Wenn man mit Jungpferden arbeitet und dazu Halfter, Trense, Geschirr usw. aus Leder benützt, muß man auf eines achten: Das Jungpferd darf natürlich diese Sachen untersuchen, aber man muß aufpassen, daß diese Untersuchung nicht zu umfassend wird und das Pferd anfängt, diese Sachen anzufressen.

Das Pferd an den Sattel gewöhnen

Wenn das Pferd während der ganzen Wachstumszeit die gestellten Aufgaben ohne Probleme gelöst hat, sollte es sich auch problemlos an den Sattel gewöhnen. Man kann schon mit zwei bis drei Jahren anfangen; mit einem eingefahrenen Pferd sollte die Gewöhnung sowieso gut gehen. Das Rezept ist dasselbe wie beim Einfahren: Zunächst macht man das Pferd mit dem Sattel bekannt. Der beste Weg, ein Pferd an etwas Neues zu gewöhnen, ist immer, das Pferd daran schnüffeln zu lassen und ihm ausgiebig Zeit zur Exploration zu gewähren.
Viel Aufregung wird vermieden, wenn man dem Pferd etwas Futter in die Krippe gibt und dann den Sattel vorsichtig auflegt. Die Gurte soll man nur wenig anziehen und das Pferd mit dem Sattel stehenlassen, bis es fertig gefressen hat. Beim Wiederholen in den nächsten paar Tagen kann man immer wieder ein wenig nachsatteln. Nach ein paar Tagen ist das Pferd dann soweit gewöhnt, um in die Bahn oder auf eine Wiese geführt zu werden. Man soll die ersten paar Male nicht aufsitzen, sondern das Pferd nur an der Hand führen, damit es sich an den Sattel bei Bewegung gewöhnt. Vorteilhaft ist es, diese Übungen neben einem ruhigen Begleitpferd zu machen.

Vieles konnte das Pferd während des Wachstums lernen

Ohne das Jungpferd zu früh zu belasten, kann man ihm viel beibringen. Ein Pferd, mit dem im Wachstum korrekt gearbeitet wurde, macht beim Einreiten keine Probleme. Wir haben mit unseren Jungpferden sehr viel Spaß an dieser Arbeit gehabt. Ein dreijähriges Pferd kann von einem vernünftigen und leichten Reiter geritten werden. Am Anfang ist es für das Pferd das beste, immer mit älteren und erfahrenen Reitpferden auf kleine Ausritte mitzugehen. Die anderen Pferde zeigen dem Jungpferd, daß die fremden Dinge unterwegs gar nicht gefährlich sind, aber man soll natürlich nicht an die verkehrsreichsten Orte hinreiten.
Erst mit vier Jahren beginnt man das Pferd systematisch und unter kundiger Anleitung zu trainieren. Das Pferd soll langsam in physische Form kommen und sich zu einem guten, starken Reitpferd entwickeln.

Auch das erwachsene Pferd soll mit Umsicht behandelt werden

Es ist ganz klar, daß es wichtig ist, das Jungpferd mit Umsicht zu behandeln. Die Schäden, die ein zwei- bis dreijähriges Pferd erleidet, kann man niemals wiedergutmachen. Aber auch später ist das Pferd rücksichtsvoll zu behandeln. Am wichtigsten sind die Gliedmaßen und der Rücken.

Springen – ja, aber nicht zu viel. Nach dem Hindernis landet ein Bein zuerst und trägt das ganze Gewicht von Pferd und Reiter allein. Zuviel springen – besonders mit Jungpferden – verbraucht die Gliedmaßen sehr schnell.

Um das Pferd zu schonen, soll man möglichst auf weichem Boden reiten. Warum auf dem Asphalt reiten, wenn es auf den Seiten Bankette gibt? An manchen Orten kann man vielleicht nur auf dem Asphalt reiten, aber viel zu oft denken die Reiter nicht an schonendere Möglichkeiten. Die Belastung ist auf hartem Untergrund für den ganzen Gliedmaßenapparat ungleich härter.
Springen ist auch sehr belastend für die Gliedmaßen. Obwohl es natürlich sehr viel Spaß macht, soll man nie zuviel springen. Beim Landen trifft das eine Vorderbein zuerst auf den Boden und trägt das ganze Gewicht von Pferd und Reiter, bis das andere Vorderbein auch den Boden berührt. Auch wenn Pferde sich anbieten und gern springen, sollte ein sehr gutes Konditionstraining vorausgehen, und das Springen darf nie übertrieben werden. 40 bis 60 Prozent der großen Sportpferde sind mit acht Jahren verbraucht. Das Fjordpferd ist ein starkes Pferd, aber man soll es nicht überfordern.

Das Fjordpferd als Reitpferd

Das gut gerittene Fjordpferd

Die Reitpferdequalität eines Fjordpferdes ist abhängig von seiner Anatomie, seinem Trainingszustand und den Fähigkeiten seines Reiters. Je besser das Gebäude des Pferdes ist, desto bequemer ist es zu reiten, und je nachdem, wie gut das Pferd auf die Hilfen (Kreuz, Schenkel, Gerte, Zügel, Stimme, Sporen) reagiert, hat man mehr oder weniger Spaß am Reiten. Viele Fjordpferde sind gut ausgebildet und haben einen sehr guten Gehwillen, was das Reiten zum Vergnügen macht. Leider hört man von diesen Pferden wenig, dafür aber viel von den problematischen Pferden. Manchmal kann man in Ponyzeitschriften lesen oder unter Reitern hören, daß Fjordpferde schwierige Reitpferde sind. Einige halten sie für störrisch, andere für temperamentvoll und wieder andere für faul. Der Charakter des Pferdes ist abhängig davon, wie es geritten, gehalten und gepflegt wird.

Das faule Fjordpferd

Mit meinen Pferden habe ich nie dieses Problem gehabt, und ich bin überzeugt, daß «faule» Pferde solche sind, die immer an denselben Orten, auf denselben Bahnen oder Wiesen geritten werden und nie richtig Spaß an ihren Aufgaben finden. Wenn das Pferd jeden Tag auf derselben Bahn, vielleicht noch mit nicht sehr guten Reitern, gehen muß, ist es ja klar, daß es faul wird. Es wäre für viele unerfahrene Reiter gut, manchmal mit anderen, erfahrenen Reitern ins Gelände zu gehen, eventuell ein paar kleine

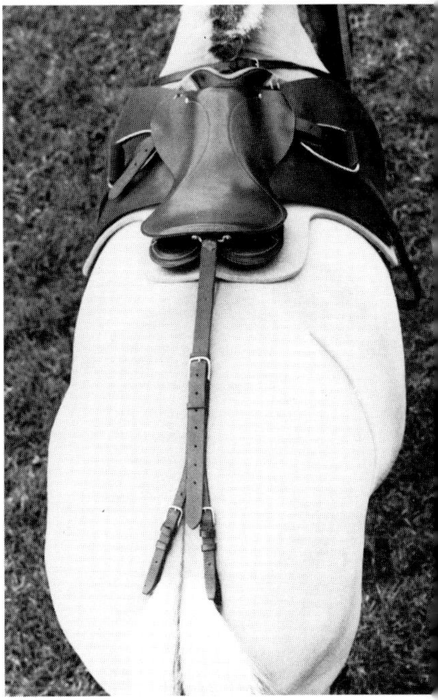

Der kecke Kopf und die raschen Bewegungen sind für Fjordpferde rassetypisch (links).
Einige Fjordpferde sind so rund, entweder vom Gebäude her oder durch Überfütterung, daß man den Sattel mittels Schweifriemen am Platz halten muß. Sättel für isländische Pferde haben normalerweise Schweifriemen, aber man kann solche an jedem Sattel montieren (rechts).

Sprünge zu machen, ein bißchen Dressur zu trainieren und auch manchmal das Pferd einen langen Galopp gehen zu lassen. Variationen beim Reiten bereiten dem Reiter und Pferd viel Spaß. Der Futterzustand ist natürlich auch sehr wichtig für die Leistungsfähigkeit des Pferdes. Das ist im Kapitel über das Futter genauer beschrieben.

Das störrische Fjordpferd

Zum Problem des störrischen Pferdes gibt es nur eine Antwort: Das Pferd muß machen, was verlangt wird – aber wir müssen natürlich die Ansprüche so halten, daß das Pferd sie erfüllen kann.

Es bringt nichts, zu verlangen, daß das Pferd 80 Zentimeter springen solle, wenn das Pferd dafür nicht trainiert ist. Stellt man an das Pferd solche Anforderungen, macht man es störrisch, weil es die Erfahrung macht, daß die Aufgabe unlösbar ist. Wenn diese Aufgabe unlösbar ist, ist es die nächste wahrscheinlich auch; das Pferd hat somit das Selbstvertrauen verloren und reagiert störrisch. Wir müssen Aufgaben stellen, die das Pferd leicht lösen kann, etwa einen Sprung von 50 Zentimetern Höhe, und das Pferd nach dem Sprung viel loben. Es ist genau gleich einfach, einem Pferd beizubringen, eine gegebene Aufgabe nicht zu lösen, wie sie zu lösen. Das erste aber wird immer wieder Probleme verursachen, das zweite hingegen ist das Rezept für ein gutes Reitpferd, das auf kleinste Hilfen anspricht.

Eine der Schwierigkeiten, die ich mit einem störrischen Pferd hatte: Das Pferd wollte nicht von dem Pferd, mit dem es aufgewachsen war, weggehen. Verständlich, aber unakzeptabel. Man muß mit solch einem Pferd sehr konsequent sein. Hat man zum Beispiel beschlossen, drei Kilometer nach Westen zu reiten, dann tut man dies, egal, ob es vorwärts oder rückwärts geht. (Es kann schon sein, daß das Pferd nur rückwärts gehen will, aber das ist am Anfang gleichgültig. Das Pferd hat auch schnell genug vom

Links: Eine Pelhamstange mit Kette. Rechts: Eine normale Wassertrense, die weichste Trense, die es gibt.

Links: Normale Trense. Rechts: Pelhamstange. Die Zügel sind hier im unteren Ring befestigt, und das macht den Pelham schärfer, als wenn sie im oberen Ring befestigt sind. Die Kette muß ganz flach am Unterkiefer liegen.

Die Kandare besteht aus einer Kandarenstange und einer Unterlegtrense und ist für Dressur geeignet. Sie soll nur von erfahrenen Reitern bei trainierten Pferden benutzt werden.

Rückwärtslaufen.) Die letzte Möglichkeit besteht in einem drei Kilometer langen Spaziergang Richtung Westen mit dem Pferd an der Hand. Was andere Leute denken, ist ganz gleichgültig, solange wir sie nicht stören.
Haben wir endlich die drei Kilometer zurückgelegt, gibt es keine Probleme, wieder nach Hause zu kommen; das Pferd hat nun etwas Gutes gelernt und kann gelobt werden. Es hat die Erfahrung gemacht, daß es trotz allem wieder nach Hause gekommen ist – aber erst, nachdem es den Wunsch des Reiters erfüllt hat.
Man soll die Hilfen immer variieren. Wenn die Gerte nicht mehr nützt, versucht man es mit den Sporen. Es kann auch sehr effektiv sein, Futter an den Bestimmungsort zu legen.

Das temperamentvolle Fjordpferd

Das ist das Pferd, das immer sehr arbeitswillig ist. Weil aber der Reiter Angst hat, darf es seinen Arbeitswillen nicht immer ausleben. Wenn das Pferd manchmal durchgeht, sich auf die Zügel legt und pullt, liegt das an den mangelnden Reitfähigkeiten des Reiters. Man kann versuchen, eine schärfere Trense zu benützen, aber das ist die schlechteste Lösung. Das Pferd kann mit einer scharfen Zäumung nie so schön gehen, wie wenn es mit einer weichen Trense gut geritten ist. Aber schließlich kann man ja nicht alles aufs Mal über korrektes Reiten lernen, und wenn das Pferd durchgeht, versucht man es mit einer Pelhamstange zu halten. Diese fügt dem Pferd keinen Schaden zu, aber es lernt dadurch auch nicht besser zu gehen; das Problem mit dem Durchgehen ist aber zumindest gelöst. Hat der Reiter dann gelernt, wie man das Pferd richtig reitet und an die Hilfen stellt, kann man den Pelham wieder gegen die Wassertrense auswechseln. Und nun kann die richtige Zusammenarbeit beginnen.
Ich bin überzeugt, daß die meisten Fjordpferde, die als faul, störrisch oder unkontrollierbar gelten, Reiter haben, die ganz einfach nicht gut genug reiten können.

Ein typisches Kinderpferd wie das Fjordpferd ist natürlich in dieser Beziehung besonders exponiert, aber das Problem kann sehr einfach mit gutem Unterricht gelöst werden.
Dieses Buch ist kein Reitlehrbuch und soll auch nicht über die genaue Ausführung von korrektem Fahren berichten. Dazu gibt es genügend gute Literatur. Vielmehr will das Buch die Besonderheit des Fjordpferdes vermitteln.

Ein Pferd kaufen

Wenn man sich entschieden hat, ein Fjordpferd zu kaufen, muß man zuerst genau wissen, wofür man das Pferd brauchen will und welche Ansprüche man an das Pferd stellen wird. Ein Pferdekauf ist eine Vertrauenssache, und ein Pferd ist nicht ein Pferd.

Wo soll man sein Pferd kaufen?

Der Züchter ist meistens die beste Adresse für einen Pferdekauf, da es ihm nicht einfach darum geht, möglichst viel Geld zu verdienen. Es ist dem Züchter nicht gleichgültig, ob man mit dem Pferd zufrieden ist oder nicht. Ein Pferdehändler dagegen hat an dem Pferd unter Umständen nur so lange Interesse, bis das Geld auf dem Tisch liegt.

Generell soll man sehr vorsichtig sein mit Pferdehändlern und nicht blindlings glauben, was er über die Fähigkeiten und den guten Charakter des Pferdes erzählt. Auch soll man vorsichtig sein mit den Angaben über das Alter. Vielfach sind die Pferde angeblich nicht älter als acht Jahre. Genau ab diesem Alter ist es schwierig, anhand der Zähne das Alter exakt zu bestimmen.

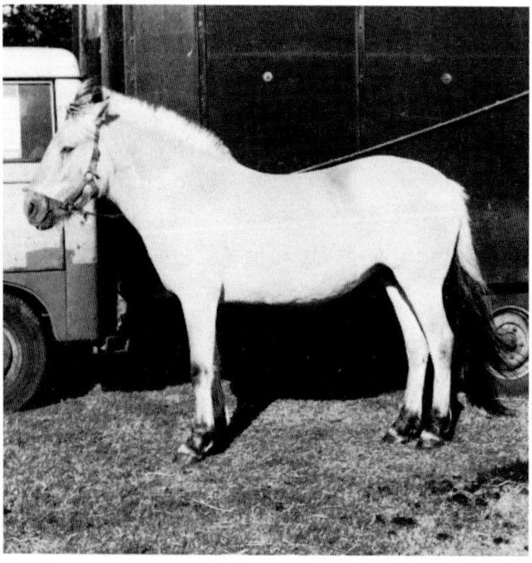

Auf einem Pferdemarkt soll man nur das glauben, was man sieht – und das ist nicht immer etwas Schönes.

Es ist schwierig, zwei Fjordpferde voneinander zu unterscheiden, demnach ist es eine Vertrauenssache, den Papieren eines Fjordpferdes zu glauben, besonders dann, wenn das Pferd durch die Hände von Pferdehändlern gegangen ist. Es ist tatsächlich passiert, daß Leute eine Stute gekauft haben, obwohl auf den Papieren steht, daß es ein Hengst ist!
Wenn nicht vom Züchter, kauft man das Pferd besser privat von einem Besitzer, der das Pferd aus irgendeinem Grund verkaufen muß. Die meisten Pferdebesitzer hängen an ihren Tieren und wünschen, daß es ihnen auch später gut geht. Also kann man ihren Angaben über das Pferd auch eher Glauben schenken.

Fachleute mitnehmen

Ganz gleich, wo man ein Pferd kauft, soll man eine kundige Person mitnehmen, bevor man sich entscheidet. Es gibt so viele Punkte, die man beachten muß, daß es für einen Anfänger gar nicht möglich ist, an alles zu denken. Man spart viel Ärger, wenn man gleich am Anfang Fachleute mitnimmt.

Verwendungszweck des Pferdes

Man muß wissen, was man kaufen will: ob es eine Zuchtstute oder ein gemütliches Kinderpferd, ein Reitpferd für einen sehr aktiven Reiter oder ein Pferd, um gemütlich auszufahren. Das Fjordpferd ist sehr vielseitig, aber es lohnt sich doch, den Kauf auf den Gebrauch auszurichten. Gleichgültig, für welchen Gebrauchszweck man ein Pferd kauft, ist es vernünftig, ein Pferd zu kaufen, das an Menschen gewöhnt ist und sich im Stall ruhig verhält. Das Pferd soll auch gewöhnt sein, Arbeitsaufgaben, die dem Alter und dem Gebrauch des Pferdes entsprechen, ausführen zu können. Bei einem Jungpferd kann man etwas Unbändigkeit tolerieren, aber ein erwachsenes Pferd, das nie in Menschenhänden gewesen ist, kann sehr unkontrollierbar sein – besonders für Anfänger.

Die Zuchtstute

Viele Wünsche können von einem Pferd erfüllt werden, aber nicht alle. Man kann ohne weiteres die Reitstute der Familie in der Zucht brauchen, man muß nur bereit sein, ihr vier Monate vor und einen Monat nach der Geburt freizugeben, und sie muß auch sechs Wochen beim Hengst sein. Deshalb ist es natürlich sehr schwierig, sie als Turnierpferd zu brauchen. Wenn man eine Zuchtstute kaufen will, muß man sicher sein, daß im Stammbuch in drei Generationen alle Ahnen gekört sind, ansonsten werden die Möglichkeiten für ihren Nachwuchs sehr begrenzt sein. Selbstverständlich muß sie eine rassetypische und gute Stute sein. Hier muß man bei Fachleuten Anleitung holen.

Das Kinderpferd

Als wichtigste Regel gilt, daß man für Anfänger und Kinder keine jungen Pferde kaufen soll. Einer von beiden, Reiter oder Pferd, muß älter sein und Vernunft haben. Ein zehn- bis zwölfjähriges, vernünftiges, gut gerittenes Pferd hat die besten Voraussetzungen, die Ansprüche des Kindes zu erfüllen, wogegen ein drei- bis vierjähriges Pferd diese Voraussetzungen noch nicht erfüllt.

Das Reitpferd

Das Reitpferd für den erfahrenen Reiter, der Ausritte und vielleicht Turniere reiten will, kann man genausogut beim privaten Pferdebesitzer als auch beim Züchter kaufen. Für den aktiven Reiter kommt ein Wallach ebenso in Frage wie eine Stute. Hier soll man nach einem jungen, temperamentvollen Pferd suchen.

«Schau mich doch nicht so böse an!»

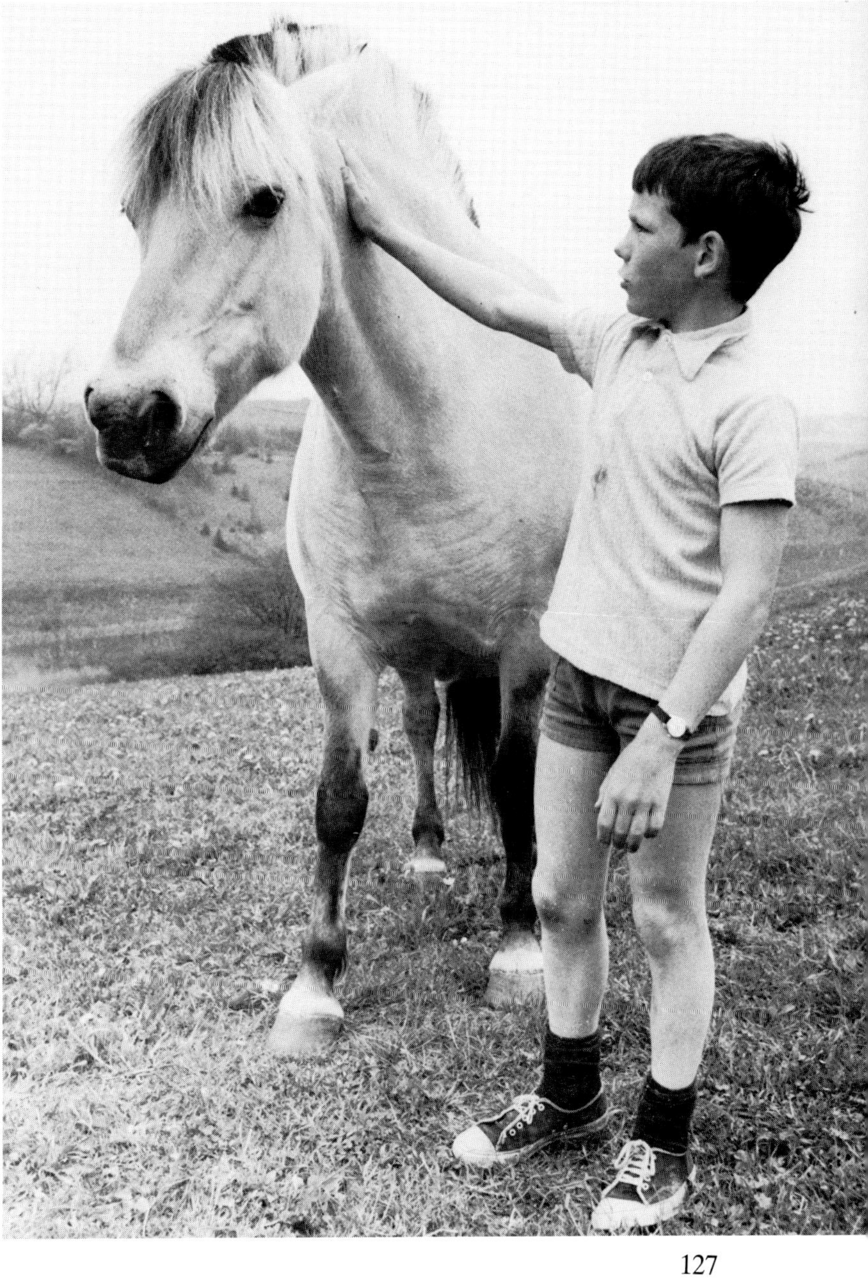

Das vernünftige, erfahrene Pferd ist der beste Freund des Kindes.

Das Kutschpferd

Das Kutschpferd kann gleichzeitig Familien- und Kinderpferd sein. Entweder soll man ein gut eingefahrenes Pferd kaufen oder, falls man selber etwas vom Fahren versteht, ein Pferd, das noch nie gefahren ist. Es empfiehlt sich nicht, ein Pferd zu kaufen, das beim Einfahren einmal durchgegangen ist und mit dem man nachher nicht mehr gefahren ist; dies wäre ein schlechter Kauf.

An der Hand vorstellen

Man muß das Pferd an der Hand vorstellen können

Wenn man sein Pferd vorstellt, sei es bei einer Tierschau oder einer Körung, soll das Pferd schön gepflegt sein – dem Pferd, Richter und Zuschauer zuliebe. Aber man muß es auch verstehen, sein Pferd vorzustellen, so daß es die ihm zustehende Bewertung bekommt und beurteilt werden kann. Das macht man am besten nach ganz bestimmten Regeln, die besagen, wie man Pferde an der Hand führt und vorstellt.
Steht man mit dem Pferd auf einem unruhigen und geräuschvollen Schauplatz und ist sogar nervös, ist es von großem Vorteil, wenn man mit dem Pferd nach einem festgelegten Muster viel geübt hat.

In dieser Position kann der Richter sowie ein eventueller Käufer das Pferd beurteilen.

So muß man es machen: Der Führer läuft perfekt neben dem Pferd, das ruhig und gelöst einen guten Trab zeigt.

Anleitung für das Vorstellen an der Hand

1. Der Zweck der Vorstellung ist, das Pferd so schön wie möglich stehend und in Bewegung zu präsentieren.
2. Das Pferd soll gut gepflegt und beschlagen vorgestellt werden, Alter und Gebrauch entsprechend.
3. Das Pferd soll mit Trense oder Spezialzaum gezäumt werden.
4. Der Führer soll gut gepflegt und passend gekleidet sein (bei Military-Turnieren im Reitgewand), so daß er unbeschwert mit dem Pferd laufen kann. Eine Gerte kann eventuell in der linken Hand gehalten werden. Der Führer soll sich diskret benehmen, so daß sich die Aufmerksamkeit auf das Pferd konzentriert.
5. Ein Helfer mit Gerte darf dabei sein, aber er muß sich diskret benehmen, und wird die Gerte gebraucht, muß er sich hinter dem Führer befinden. Bei Turnieren ist kein Helfer erlaubt.

6. Die Vorstellung findet auf einer Dreieckbahn oder auf einer geraden Strecke statt, und die Länge der Seiten muß mindestens 50 Meter betragen. Die Dreieckbahn soll ein gleichschenkliges Dreieck bilden. Die Richter stehen bei der einen Winkelspitze. Auf einer geraden Strecke stehen sie am einen Ende.
7. Die Vorstellung wird in dieser Reihenfolge gemacht:

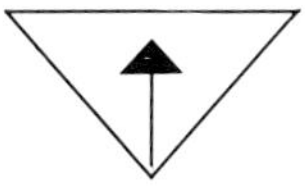

   a. Auf einer Dreieckbahn: Das Pferd wird an einer Winkelspitze aufgestellt und dann im Schritt bis zur Mitte des Dreiecks geführt. Nachher wird es auf den Seiten des Dreiecks im Trab vorgestellt und am Schluß wieder aufgestellt.
   b. Auf einer geraden Strecke: Das Pferd wird gerade vor den Richtern aufgestellt und dann ungefähr eine halbe Bahnlänge im Schritt vorgestellt. Nachher wird Trab auf einer ganzen Bahnlänge gezeigt, und am Schluß wird das Pferd wieder aufgestellt.
8. Der Führer kommt mit dem Pferd im Trab auf die Bahn und stellt es auf, wenn möglich mit der mähnenfreien Seite gegen die Richter, fünf bis sechs Meter von diesen entfernt, und möglichst so, daß das Pferd vorne etwas höher steht.
9. Das Pferd muß «offen stehen», das heißt: Wenn die mähnenfreie Seite die linke ist, muß das Pferd mit dem linken Vorderbein etwas weiter vorne und mit dem linken Hinterbein etwas weiter hinten stehen. Die lateralen Beine sollen in derselben Spur stehen. Das linke Vorderbein soll senkrecht und das rechte Hinterbein nicht weiter vorne stehen, als daß die Hufspitze senkrecht unter dem rechten Hüftknochen ist. Das Pferd soll sich auf allen vier Beinen natürlich abstützen. Die Haltung des Kopfes und des Halses soll natürlich sein.
10. Wenn das Pferd aufgestellt ist, soll der Führer sich in arm-

langem Abstand aufstellen, schräg vor dem linken Vorderbein des Pferdes und mit der Vorderseite gegen das Pferd.

11. Die Zügel werden in der linken Hand und ungefähr 30 Zentimeter von der Trense weg gehalten.
12. Wenn es unruhig ist, kann der Führer sich vor das Pferd hinstellen, mit einem Zügel in jeder Hand.
13. Beim Vorwärtsgehen nimmt man die Zügel in die rechte Hand. Der Schritt des Pferdes soll ruhig und natürlich sein, mit sauberem Viertakt und so raumgreifend wie möglich. Das Pferd soll mit einer natürlichen Haltung und geradeaus gehen (laterale Beine in derselben Spur).
14. Jede Wendung wird rechts um und so kurz wie möglich gemacht. Beim Wenden hält der Führer seine linke Hand in die Höhe vor das linke Auge des Pferdes.
15. Bei der Vorstellung im Trab soll das Pferd so schnell wie möglich nach der Wendung in sauberem Zweitakt traben, in einem ruhigen, natürlichen und raumgreifenden Trab. Wie in Punkt 13 erwähnt, soll das Pferd mit einer natürlichen Haltung und geradeaus laufen. Der Führer soll nach vorne sehen, darf gerne im Takt mit dem Pferd laufen und soll gerade neben der Schulter des Pferdes laufen.

Für Laien ist vielleicht einiges unverständlich; das soll im folgenden kurz erklärt werden:

Fjordpferdedemonstration am Tag des Pferdes, Basel.

«Die mähnenfreie Seite» ist ein Begriff, den man bei Pferden braucht, die nur auf einer Seite eine Mähne haben. Diese Pferde sollen mit der Mähne von den Richtern weggewandt gezeigt werden, da diese sonst den Hals nicht beurteilen können. Weil das Fjordpferd zwei mähnenfreie Seiten hat, kann man wählen, welche Seite man den Richtern zeigen will.
«Laterale Beine» bedeutet: Vorder- und Hinterbeine auf derselben Seite.

Die Vorstellung soll schön sein

Die obige Anleitung für das Vorstellen an der Hand ist sehr brauchbar, auch wenn sie der zahlreichen Punkte wegen auf den ersten Blick vielleicht etwas verwirrt. Aber die einzelnen Punkte müssen immer wieder geübt werden, und ohne hartes Training bekommt man kein schönes Resultat. Das Pferd und der Führer sollen die Regeln und einander gut kennen; wenn die beiden zueinander Vertrauen haben, geht es viel einfacher. Dann kann der Führer sich nur auf die Vorstellung konzentrieren.
Es ist klar, daß ein ruhiger Führer mit einem gehorsamen Pferd viel schöner aussieht, für Richter, Zuschauer und eventuelle Käufer, als ein nervöses und untrainiertes Pferd mit einem verwirrten Führer. Ein schön vorgestelltes Pferd ist gute Werbung für das Pferd, die Rasse und den Besitzer.

Auf Tierschauen und bei Körungen werden oft Wettbewerbe im Vorstellen veranstaltet.

Verbreitung und Zukunft des Fjordpferdes

Die Einfuhr von Fjordpferden nach Dänemark erfogte aus rein ökonomischen Überlegungen. Diese Pferde wurden in landwirtschaftlichen Kleinbetrieben und im leichten Zug in Händler- und Landwirtschaftsgespannen eingesetzt und verkörperten den Typ eines arbeitswilligen, zugkräftigen, robust zu haltenden und leicht zu fütternden Arbeitstieres. Zeigt doch gerade das Fjordpferd im landwirtschaftlichen Einsatz nach den Untersuchungen von Papendieck (1958) im Vergleich zum Kaltblut in Rekordzug und der Dauerzug eine erstaunlich günstige Relation von Gewicht und Körpergröße zur Leistung. Fjordpferde bewältigen eine Dauerzugleistung von 160 Kilo und sind damit zumindest als Zweispänner für alle leichten landwirtschaftlichen Arbeiten geeignet.

Auch in Deutschland waren es wenige Jahre nach Kriegsende rein wirtschaftliche Gründe, die verschiedene Landesverbände, vor allen Dingen Norddeutschland (Pony- und Kleinpferdezuchtverband Schleswig-Holstein – Weser Ems – Rheinland – Hessen – Hannover) dazu veranlaßten, das Fjordpferd als sogenannten Kleintraktorersatz auszuwählen unter den damals im Gespräch stehenden Kleinpferden wie Haflinger, Isländer. Dieser Pferdetyp hat sich mit seinen Qualitäten des niedrigen Körpergewichtes bei hoher Leistung, guter Futterverwertung bei geringem Nährstoffbedarf, robuster Gesundheit bei anspruchsloser Haltung, schneller Regenerationsfähigkeit und hoher Überlastbarkeit sowie Kooperation in der Arbeit mit ruhigem Temperament und flottem Vorwärtsgehen besonders ausgezeichnet. Es war damit für die landwirtschaftlichen Spezialkulturen, wie Gemüse-, Obstbau und Baumschulen, eine sehr geeignete Zugkraft. Dies mag dazu beigetragen haben, daß während des Krieges viele in Landwirt-

Alter Fjordpferdetyp, Sammlung Kaiser Wilhelm II.

schaft und Pferdezucht Arbeitende in Skandinavien die Vorteile dieser Rasse kennenlernten. Gleichzeitig ergab sich durch das Fehlen einer Haflingerzucht und das Versiegen der Kleinpferdeimporte östlicher Provenienz eine gute Startsituation für das Fjordpferd in Deutschland. Nach intensivem Studium der Haltungs- und Arbeitsbedingungen sowie der wissenschaftlichen Unterlagen über Zucht, Fütterung und Einsatz des Fjordpferdes im Ursprungsland wurde das deutsche Basismaterial im wesentlichen in den fünfziger Jahren in der gut ausgebauten dänischen Fjordpferdezucht erworben. Das große Interesse und die profunde Kenntnis der an dieser Rasse sehr interessierten Zuchtleiter verschiedener Landespferdezuchtverbände, wie Dr. Uppenborn, Prof. Dr. Löwe, Erwin Baldauf u. a., garantierten für die Qualität der Importe. Diese legten besonderen Wert auf den reinen Norwegertyp und versuchten durch gezielte Ankäufe die damaligen Schwachpunkte des Pferdes, wie Festigkeit des Rückens, Gliedmaßenstellung und Schluß der Mittelpartie, konsequent zu verbessern. Im Jahre 1983 betrug der Anteil eingetragener Fjordpferde an der Gesamtpopulation der einzelnen deutschen Landeszuchtverbände zwischen 4 und 42 Prozent mit deutlichem Schwerpunkt des Zuchtgeschehens im Landeszuchtverband Hessen. Der Anteil Fjordpferde am Gesamtkleinpferdebestand betrug zur gleichen Zeit über 6 Prozent.

Die um 1960 begonnene Entwicklung des Einsatzes nördlicher Robustpferde in den vielen Sparten der Freizeitreiterei eröffneten dem Fjordpferd neue Möglichkeiten und fingen den Rückgang auf, der allgemein durch den Verlust der Aufgaben in der Landwirtschaft bei allen Pferderassen entstanden war. Die Möglichkeit, diese Pferde im Herdenverband in Offenstallhaltungssystemen robust zu halten, sie unregelmäßig zu nutzen und sie auf eigener Futterbasis ohne viel Fremdfutterzukauf ernähren zu können, prädestinierten das Fjordpferd für diese neuen Aufgaben als Kumpan des Menschen der Freizeitgesellschaft.

Der gute Charakter und die Willigkeit zur Zusammenarbeit, die von Natur aus gegeben und nicht durch Ausbildung und Dressur erst anerzogen werden müssen, waren weitere günstige Voraussetzungen für die neuen Aufgabenbereiche. Daß die Rumpfigkeit und Körperfülle des ausschließlich im Gespann verwendeten Fjordpferdetyps für die Anforderungen als Reitpferd Typumstellungen in der Zucht nötig machten, die auch erfolgreich gelöst wurden, zeigen Vergleiche von Fjordpferdemodellen der fünfziger und achtziger Jahre. Ein großer Vorteil des norwegischen Fjordpferdes, zum Beispiel gegenüber dem Islandpferd, ist seine große Vielseitigkeit: Es kann sowohl als Arbeitspferd angespannt oder im Tragdienst wie auch als Reitpferd, vor allen Dingen aber im Gespann gebraucht werden. Das Fahren mit Fjordpferden nimmt auf dem Freizeitsektor dieser Rasse einen großen Raum ein und dient gleichzeitig als ausgezeichnete Leistungsprüfung für Temperament und Charakter des Pferdes, Kriterien, die im Gespann besonders gut beurteilt werden können. Die Umstellung der Rasse, die durch die veränderten Betriebsverhältnisse in der Landwirtschaft Mitte der sechziger Jahre begann, hat durch die

stärkere Betonung der Reitpferdequalitäten sich dem alten Originaltyp des Norwegers wieder viel mehr genähert als in den vorhergegangenen Jahren. Seine wertvollen Eigenschaften, Temperament, Fruchtbarkeit und Leichtfütterigkeit, sind erhalten geblieben. Seinen sicheren Instinkt, die Trittsicherheit und seinen Mut in schwierigem Gelände stellt es nicht nur als Reit- und Tragtier der heutigen norwegischen Armee, sondern im zunehmenden Einsatz als Freizeitpferd unter Beweis.
Neben dem Originalzuchtland wird das Fjordpferd heute in Dänemark, der Bundesrepublik Deutschland, in den Beneluxstaaten, in Großbritannien, Frankreich, in der Schweiz, in Schweden, Polen und der CSSR gezüchtet. Auch in Kanada und den Nordstaaten Amerikas schlossen sich amerikanische Fjordpferdeliebhaber 1977 zu einer Züchtervereinigung zusammen. Verschiedene Kreuzungszuchtprogramme und -versuche waren erfreulicherweise von kurzer Dauer, wie dies aufgrund der langen Reinzucht einer so markant ausgeformten nordischen Robustpferderasse zu erwarten war. Kreuzungsprodukte mit Arabern, Panjepferden, Haflingern und Isländern lieferten keine befriedigenden Produkte.
Die Zuchtbuchführung der einzelnen Länder, sei sie staatlich oder auf Verbandsebene organisiert, bemüht sich in den letzten Jahren vermehrt, den Anschluß an die wertvollen alten Hengstblutlinien zu erhalten und züchterisch den trockenen ursprünglichen Bergtyp des Pferdes zu profilieren, welcher für die heutigen Aufgaben als Freizeitpferd die größten Zukunftsaussichten hat.

Fjordpferde in St. Moritz.

Zuchtrichtlinien für das norwegische Fjordpferd

Zuchtziel

Angestrebt wird die Zucht eines leichtgängigen, im Reittyp stehenden Fjordpferdes, welches als vielseitiges Familien-Freizeitpferd mit Eignung für das Reiten und Fahren verwendbar sein soll.
Die Tiere werden wie folgt beurteilt:

1. Kopf
Der Kopf ist trocken mit breitflächiger Stirn, manchmal konkav gebogenem Nasenrücken, aber niemals Ramsnase. Er soll kurz mit kräftigen Kiefern sein.
Die *Zähne* müssen gerade zusammenbeißen (Zangengebiß).
Die *Ohren* sind klein, tief angesetzt und leicht nach außen stehend.
Die *Augen* sind dunkel und groß, freiliegend und blicken ruhig und vertrauensvoll. Sie spiegeln Klugheit und Energie wider.
Das meist graufarbene *Maul* hat oft fleischige Lippen und Nüstern.
Bei Hengsten und Stuten soll der Geschlechtsausdruck sehr ausgeprägt sein.

2. Hals, Schulter, Brust
Der massive, gut angesetzte *Hals* ist nicht zu kurz, mit einer guten Oberlinie. Ein allzu fleischiger Unterhals ist nicht erwünscht.
Die *Schulter* soll eher etwas steil, freiliegend und gut bemuskelt sein.
Die *Brust* muß gut entwickelt sein, der Körper ist rundrippig mit tiefer Flanke.

3. Rücken, Kruppe

Der Rücken darf ziemlich lang, manchmal auch leicht eingesenkt sein und bildet mit Vorhand, Mittel- und Hinterhand ein Rechteck.

Der Widerrist ist wenig markiert und stark mit Muskeln besetzt. Die Lendengegend ist breit und gewölbt. Die Kruppe ist abgerundet, aber nicht abfallend.

4. Proportionen

Der Durchschnitt der Widerristhöhe liegt zwischen 135 und 145 Zentimeter Stockmaß.

Das Durchschnittsmaß der Stuten ist 139 Zentimeter. Der Röhrbeinumfang der Stuten beträgt etwa 18 Zentimeter, bei Hengsten ungefähr 20 Zentimeter.

5. Beine, Gelenke

Der Stand der Beine soll nicht zu breit sein, eine leicht zehenweite Vorderstellung und kuhhessige Hinterhand ist einer Faßbeinigkeit vorzuziehen und als Schönheitsfehler zu bewerten.

Ober- und Unterarm sowie -schenkel sind lang im Verhältnis zum kurzen Röhrbein.

Erwünscht sind eher zuviel als zuwenig Winkelstellung im Sprunggelenk und eine genügend lange, elastische Fesselung. Das Vorderfußwurzelgelenk soll kräftig sein.

6. Hufe

Die Hufe sollen aus festem, elastischem Horn sein und gleichmäßige Wände, einen festen Tragrand, genügend hohe Trachten, eine gewölbte bis flache Sohle und einen kräftigen Strahl haben.

7. Farbe, Haarkleid

Das absolute Rassemerkmal der falbfarbenen Fjordpferde ist der Aalstrich. Auch sind häufig dunkle Querbinden an den Gliedmaßen, bevorzugt am Sprunggelenk und am Vorderfußwurzelgelenk, ersichtlich. Es wird zwischen sechs verschiedenen Farbtönungen unterschieden:

a) Die *braunfalbe* Farbe schwankt zwischen einem dunklen cremegelben und einem stumpfen hellbraunen Deckhaar, das oft an Bauch und Hinterbacken etwas aufgehellt ist. Der Aalstrich ist tiefschwarz, die Seitenhaare an Schopf, Mähne und Schweif sind hell, fast weiß.

b) Die *rotfalbe* Farbe ist von der braunfalben wenig verschieden, doch ist der Aalstrich niemals schwarz, sondern rötlich bis cremegelb. Der Schweif erscheint heller, da die Haare rötlich bis rötlichgrau sind und die Beinstreifen meist nicht so dunkel wie bei den Braunfalben.

c) Die *hellfalben* Pferde besitzen ein fast weiß erscheinendes, blaßfalbes Fell mit schwärzlichem Aalstrich und dunklen Querbinden.

d) Die *gelbfalbe* Farbe entspricht der Körperbehaarung der Hellfalben, in der Färbung der Abzeichen und des Aalstriches den Rotfalben.

e) Die *graufalbe* Farbe wechselt von einem hellen Silbergrau bis zu einem dunklen Schiefergrau. Der Aalstrich ist schwarz und die Färbung um das Maul etwas dunkler als die Körperhaare.

f) Die *weiße* Farbe ist gleichmäßig am Körper, nur der Aalstrich ist leicht gelblich markiert.
Bei a) und b) gibt es noch Unterscheidungen zwischen hellbraun, braun und dunkelbraun, respektive hellrot, rot und dunkelrot.
Kleine reinweiße Abzeichen am Kopf kommen in der Reinzucht vor, an den Beinen jedoch nie.
Ein richtig gewachsenes Haarkleid ist für die meist robust gehaltenen Fjordpferde lebensnotwendig.
Die einzelnen Haarwirbel müssen sich in der richtigen Lage befinden: Der Wirbel an der Flanke verläuft von der Höhe des Hüftbeins senkrecht nach unten.
An der Halsunterseite und auf der Stirn müssen die Wirbel so liegen, daß sie das Regenwasser eindeutig nach unten fließen lassen.

8. Gang, Korrektheit
Rassetypisch sind leichte, behende Bewegungen, die sich der jeweiligen Bodenbeschaffenheit anpassen.

9. Gang, Schub, Schwung
Anzustreben sind Verbesserung von Kraft und Schub der Hinterhand.
Die Bewegungen sind im Schritt raumgreifend, im Trab leicht und flink, nicht wuchtig.

10. Charakter
Der Charakter soll sich durch Gelehrigkeit, Instinktsicherheit, Ausdauer, Widerstandsfähigkeit und Leichtfuttrigkeit auszeichnen. Sein Wesen soll gutmütig, willig und umgänglich sein.

Es werden nur Tiere gekört, die gesund sind und keine vererbbaren Mängel wie Gebißfehler, Kniescheibenluxation, Krippensetzen oder Koppen (und bei Hengsten Einhodigkeit) aufweisen.

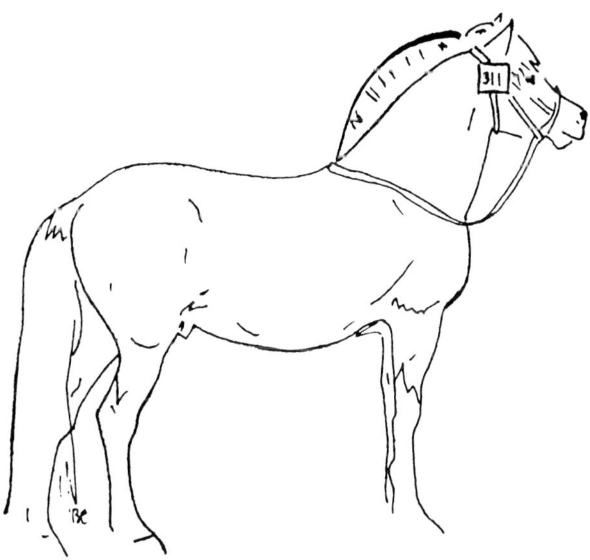

Entwicklung des norwegischen Fjordpferdes in der Welt

Abstammung	nicht völlig geklärt Fleire – Keltenpony Irland, Schottland Lush – östliche Herkunft Przewalskipferd Wikingerimporte England
1600	Erste Aufzeichnungen über Farbvariationen aus Sogne und Fjordane
1750	Größenangaben in Bandmaß um 120–134 cm
1885–1889	Hengstschau in Stranda Durchschnittsmaße ♂♂ 141–150 cm Bandmaß
1844	Errichtung des ersten Gestütes auf Hjerkin
1848	Gestütsgründung in Fokstua
1861	Ankauf von Dölehengsten durch den Staat N
1864	Beginn jährlicher Pferdeausstellungen gemäß Parlamentsbeschluß N
1869	Ausstellung reiner Fjordpferde, keine Kreuzungen zugelassen
1875	Jährlich zwei Ausstellungen in N Staatskäufe von ♂♂ (Tor 21/Baronen 22)
1888	Erste Fjordpferde in Dänemark ausgestellt
1906	K. Teig, norwegischer Staatskonsolent für Pferdezucht, fördert die Reinzucht und merzt Rimfaksekreuzungen aus
1920	Ende der Rassebereinigungsphase in Norwegen unter Verwendung der Linien Baronen 193 und Njal 166
1925	Export nach Dänemark, Bestand in DK etwa 16000

1952/53	Ankauf von Zuchtpferden durch die deutsche Arbeitsgemeinschaft deutscher Ponyzuchtverbände und Einsatz in den Landeszuchtverbänden Hannover, Weser Ems und Hessen
1953–1960	Deutscher Import von 25 ♂♂ und ca. 200 ♀♀ aus Norwegen und 50 ♂♂ sowie über 1000 ♀♀ aus Dänemark Führendes Zuchtland wird Hessen, etwa 450 Pferde
1954	Einfuhr von 32 Pferden aus Dänemark nach den Niederlanden
1955	Gründung des Het Nederlandse Fjordenpaarden Stamboek Heute etwa 25 verbandseigene ♂♂ und 900 Bedekkungen/Jahr
1969	Gründung des Fjordhesteavlen i Danmark Heute etwa 80 ♂♂ in Privathand, 1500 Bedekkungen
1970	Gründung der Association Française du Poney Fjord Heute etwa 60 ♂♂ und 1000 ♀♀, 500 Bedekkungen
1974	Bildung der deutschen Interessengemeinschaft Fjordpferde IGF Züchterische Betreuung weiterhin durch die Landeszuchtverbände
1975	Gründung der Fjordpferdevereinigung Schweiz
1977	Zusammenschluß amerikanischer Züchter zur The Norwegian Fjord Horses Association of North America

Literaturverzeichnis

Bender, Ingolf, *Das Norwegische Fjordpferd.* Ein Beitrag zur Abstammungsgeschichte und Rassenkunde; in: Das Fjordpferd JSF *12,* 1985
Bender, Ingolf, *Robustpferdehaltung.* Stuttgart 1977
Blake, Henry, *Versteh dein Pferd.* Rüschlikon-Zürich 1983
Blake, Henry, *Mit Pferden denken – Pferde lenken.* Rüschlikon-Zürich 1978
Blake, Henry, *So lernt dein Pferd.* Rüschlikon-Zürich 1980
Bon, B. I. van, *Van Vestlandhest tot Fjorden paard.* Moenderloo 1985
Bruns, Ursula, *Das richtige Pferd.* Handbuch für Freizeitreiter. Rüschlikon-Zürich 1975
Flade, E. I. Dr., *Gleß,* K. H., *Kleinpferde.* Berlin 1976
Goodall, D. M., *Pferde der Welt.* Heidenheim 1968
Homrighausen, H., *Der Ponyreiter.* Stuttgart 1977
Hurter, E., *Das Norwegische Fjordpferd.* Tägerig 1984
Karstad, O., *Fjordhesten.* Bergen 1949
Löwe, H., *Bruns,* E., *Pferdezucht und Pferdefütterung.* Stuttgart 1979
Papendicck, L., *Das Kleinpferd.* Hamburg 1958
Rödder, Fritz, *Ohne Huf – kein Pferd.* Rüschlikon-Zürich 1984 (3. Auflage)
Schwarz, M.-L., *Aufbau und Entwicklung der Fjordpferdezucht in der Bundesrepublik Deutschland;* in: Das Fjordpferd IGF *12,* 1985
Uppenborn, W., *Pferdezucht und Pferdehaltung.* Offenbach 1961
Vogel, Helga, *Das Pferd als Partner des Behinderten.* Rüschlikon-Zürich 1987
Wuusch, U., *Pferde des Nordens.* Rüschlikon-Zürich 1973

Zeitschriften:

Fjordpferdevereinigung Schweiz
Waffenplatzstraße 79, CH-8002 Zürich
het fjordpaard
Het Nederlandse Fjordenpaarden Stambock
NL-7351 TL Moenderloo
Fjordhesten
Nedlemsblad for Norges Fjordhestlag
N-5840 Hermansverk
Das Fjordpferd
Zucht, Haltung, Freizeitreiten
Interessengemeinschaft Fjordpferd IGF
Feldstraße 26, D-6682 Ottweiler